How to Read a Financial Report

玩转财报

（第八版）

[美] 约翰·特雷西（John A.Tracy）
塔格·特雷西（Tage C.Tracy） 著
池国华 等 译

中国人民大学出版社

译者序

财务报表是连接企业与外界的纽带，不仅是企业向外界传递自身经营业绩的“传播器”，也是外界了解企业经营业绩信息的“晴雨表”。然而读懂财务报表并不是一件容易的事情，尤其对没有专业基础的外部使用者而言。目前市场上关于财务报表分析的书籍很多，有的充斥大量的理论解说，令读者感到枯燥乏味；有的洋洋洒洒动辄千页，使人望而却步。约翰·特雷西教授撰写的《玩转财报》一书避免了上述财务报表分析书籍普遍存在的问题。本书用极具趣味性的语言为读者介绍了财务报表知识，深入浅出，翔实而不冗长，是投资人、债权人和利益相关者等非财务专业人士的最好选择。本书的优点主要体现在以下几个方面：

第一，对阅读和解释财务报表的会计方法和术语做了基本介绍，对财务报告中的会计术语进行了通俗易懂的解释，为读者阅读理解提供了基础，增进了读者对后续内容的理解力。

第二，采用直线连接的方式，将资产负债表、利润表、现金流量表三大财务报表之间的联系清晰地展示出来。掌握三大财务报表之间的联系是理解财务报告的基础，三张财务报表虽然在编制上相对独立，但在财务报表分析时却相互依存、相互影响，就如同三节车厢连接在一起。通过阅读本书，可以提高读者对财务报表的理解能力，在实践中注重财务报表的综合分析，辩证地分析财务报表之间各种财务数据的关系，提高财务分析效率。

第三，对现金流进行了重点介绍。大多数读者对现金流存在一定困惑，主要是没有深刻地理解利润/损失的真正含义，大部分读者都认为利润/损失就是收入减去支出的余额。其实，企业创造利润的同时，资产负债表也在随之发生变化。因此，若想理解利润的本质，必须了解收入与支出及其相应的资产负债之间的联系。本书以收入与支出发生的过程中所产生的现金流为起点，详细解释了企业创造利润交易以及经营过程对现金流的影响，有助于读者更深入地理解利润/损失所包含的内容和构成要素。

第四，引用一家美国企业作为主要案例，为读者展示了财务报表分析的基本原理与实际应用，呈现了真实有趣的财务世界，具有普遍性、适用性和趣味性。该案例的引入，不仅有助于读者巩固所学的理论知识，也为企业应用财务报表提供了系统的框架结构。

第五，语言生动活泼，篇幅精悍，内容精练。书中利用大量的图表来展示丰富的财务报表分析知识，有助于读者对理论知识的理解与吸收。同时，为读者提供了与之配套的电子数据，便于读者在复习过程中进行个人操作和模拟，提高学习效率。

随着我国资本市场的不断完善，个人投资者的规模不断扩大，解读财务报表的奥秘已经成为每一位投资者渴望获得的能力。《玩转财报》是一本不可多得的好书，其思路清晰、讲解生动，有助于财务报表外部使用者明确学习要点，克服对财务报表分析的抵触情绪，使企业财务报表分析这项工作变得生动有趣。值得注意的是，本书的编写基于美国的会计准则，因此在阅读时应注意对中美会计准则的差异进行区分。目前，距第一版出版，《玩转财报》一书已历经 30 多年，此版是第 7 次修订版，时间再一次肯定了《玩转财报》一书的价值。

本书的翻译工作是在东北财经大学财务管理博士生导师池国华教授的主持下，由池国华教授与博士生王钰、李昕潼（澳大利亚维多利亚大学会计学专业本科毕业、悉尼大学金融学专业硕士）、邹威（东北财经大学国际商务外语学院商务英语本科毕业，通过专业英语八级考试）、杨金和硕士生胡雅萌共同完成。在翻译过程中，中国人民大学出版社给予了极大的帮助与支持，在此表示由衷的感谢！

最后，由于译者的翻译水平有限，书中难免存在疏漏和不妥之处，在此敬请业界专家和读者批评指正，并为完善翻译工作提出建设性建议。我的邮箱是 cgh _ lnhz@163. com。

池国华

序

当我开始创作本书时，正逢此版本的新合著者，也就是我的儿子塔格升入高中。如今他已经成为圣迭戈的一个成功的商业和金融顾问。事实上，他比他老爸写得要好。因此，能够邀请塔格合著我感到十分高兴和自豪。他和我很像，或许你会对他的名字感到疑惑，它源自瑞典语和丹麦语。

1980 年，本书第一版发行时，道琼斯工业平均指数（Dow Jones Industrial Average）大约为 850 点（这是真的!）。在 2000 年年初这个备受关注的股票市场指数达到了 11 700 点，然后便是突降，这导致我的退休存款大幅削减。虽然在此后的几年道琼斯指数有所恢复，但随后又再次下降。在我写作本版本时，道琼斯指数大约是 15 000 点。正如 J. P. 摩根（J. P. Morgan）所说："市场是波动的。" 数百万投资者将他们的资金投入股票市场，股票投资也成为许多人退休计划的一大部分。因此，了解如何阅读财务报告变得无比重要。

本版的出版恰逢财务报告发生重大变更，尤其是非上市公司和小型企业的财务报告准则发生了变化。同时，过去 33 年的实践证明本书的框架是非常成功的，所以本书的基本结构保持不变，傻子才会去打乱它，我的母亲可没有养一个傻瓜。本书自始至终都在强调现金流量，因此，它也是本书的一个重要标志。

书中所有数据处理都是利用 Excel 完成的，如需书中的数据文件，请联系 tracyj@colorado. edu。在此，我要向所有喜爱本书的人表示真诚的感谢，本书的销售量很不错，来自读者的欢迎和认可更是锦上添花。

并不是所有此类书籍都能够发行到第八版，这离不开作者与出版商之间良好的合作关系。我真诚地感谢那些在 John Wiley & Sons 同我一起为本书工作了 30 多年的朋友；为初稿提出建议的 Joe Ross；给予大力支持的国家培训主管 Merrill Lynch，也很感谢 Debra Englander 几年来的支持。差点忘记 Tula Batanchiev 和 Judy Howarth，正是他们与我共同完成了本次修订，也使本书较之前的版本更加出色。一本书的质量取决于作者与编辑之间的协作；我们已经有了好很的编辑，通过阅读，你也会看到作者有多出色。

谨以此书献给此前的编辑和资助人 Gordon B. Laing，对于作者来说，他杰出的编辑能力是上天的恩赐。他的指导、鼓励和热情让一切变得与众不同。他是一位真正的绅士，教会我很多写作方面的知识。尽管他对原稿的批评非常尖锐，却让我感到谦和受用。理所当然，Gordon 为这本书的成功而骄傲。虽然 Gordon 已过世，但我还是要重申，没有他的帮助我不可能完成此书。

约翰·特雷西

目 录

CONTENTS

第一部分 财报基础

第二部分 联系

第三部分　现金流量

第四部分 分析

第五部分 真实性

第一部分

财报基础

第 1 章/*Chapter One*

从现金流开始

企业现金流综述

精明的企业经营者、债权人及投资者都很关注**现金流**（cash flows）。现金流入和流出是每个企业的活力之源。没有持续稳定的现金流，任何企业都无法维系其生命。

因此，我们从现金流开始。本书以一个经营多年的企业为例，该企业财务状况良好，经营业绩稳定；企业信用良好，银行乐于为其提供贷款；若有需要的话，股东也愿意追加投资。当然，这些都是来之不易的。良好的经营管理使其能够获得稳定的利润，实现资本保全，并且远离财务困境。对于运营稳定的企业，保持这种良好的状态尚且不易，要是换成那些举步维艰的企业，更是无法满足这些要求。

表 1—1 概括了该公司本年度现金流入与流出，并分为两部分列示。第一部分是经营活动产生的现金流量：销售商品产生的现金流入及支付费用产生的现金流出。第二部分是其他活动产生的现金流量：筹集资金、投放资金及向股东分配利润。

我们假设大家已熟知表 1—1 中所列示的现金流入和流出的概念。因此，本书在此仅对现金流量做简要介绍。

- 该公司本年度销售商品收回现金 51 680 000 美元。这无疑是现金流入最大的来源。销售商品带来的现金流入往往用于弥补支出。公司本年度为其所销售的商品支付了 34 760 000 美元，在经营费用、贷款利息和所得税方面也产生了相当多的现金流出。本年度经营活动产生的现金净流量为 3 105 000 美元——经营者、债权人以及投资者都密切关注这一重要数字。

- 接下来分析现金流量的第二部分，本年度公司应付票据增加，由此带来现金流入 625 000 美元，股东追加投资 175 000 美元。除了本年度经营活动产生的 3 105 000 美元这一内部资金来源之外，上述两项外部资金来源也为企业提供了 800 000 美元的资本。另一方面，公司支出 3 625 000 美元用于更新改造建筑物，购置机器设备及无形资产，最后公司支出 750 000 美元用于向股东分配利润。利润分配归属于现金流量的第二部分，换句话说，经营活动产生的 3 105 000 美元并没有考虑利润分配活动。

● 本年度现金流量净额为－470 000 美元，但不能据此就妄下论断。现金流量净额为负，不一定是好事也不一定是坏事。判断企业的财务状况和经营业绩，需要依据更多的信息，而不能仅仅关注现金流量。

表 1—1　　**年度现金流量汇总表**　　单位：千美元

经营活动产生的现金流量	
销售商品收到的现金，部分来自上年应收账款收回	\$ 51 680
购买已售及待售商品支付的现金	\$ (34 760)
支付经营费用，部分发生于上年	\$ (11 630)
支付短期负债及长期负债的利息，部分产生于上年	\$ (520)
支付所得税，部分用于支付上年应纳税所得	\$ (1 665)
本年度经营活动产生的现金流量净额	\$ 3 105
现金的其他来源与运用	
借入带息应付票据的增加	\$ 625
增发股本（所有权股份）	\$ 175
更新改造建筑物，购置机器设备及无形资产	\$ (3 625)
向股东分配利润	\$ (750)
其他来源与运用产生的现金流量净额	\$ (3 575)
本年度现金净增加（减少）额	\$ (470)

现金流量汇总无法告诉我们的事

由表 1—1 可知，作为企业活动重要润滑剂的现金在本年度减少了 470 000 美元。换言之，本年度现金流出总量超过现金流入总量，超出部分为 470 000 美元。现金的减少及其原因是重要的信息。现金流量汇总能够反映企业经营的重要方面，但不能反映全部情况。经营者、投资者、债权人及其他利益相关者需要了解企业现金流量汇总无法反映的其他两类信息。

我们无法从现金流量汇总中得知的两类重要信息是：

（1）企业某一时期的盈利（或亏损）情况。

（2）公司某一时点的财务状况。

现在，让我们稍微停一下。由表1—1可知，企业本期经营活动产生的现金流量净额为3 105 000美元。你可能会问："经营活动产生的现金流量净额是否等于企业当期利润?"答案是否定的。年度经营活动产生的现金流量净额并不等于企业当期利润。事实上，这两个数字通常会有很大的差别。

利润是由会计核算决定的数字，而不仅仅是简单地追踪现金流量的动向。由支票衡量的利润与由会计方法衡量的利润是不同的，理解这二者的区别很重要。企业某一时期的现金流量根本无法准确衡量当期销售收入与费用的金额。总之，现金流量无法决定利润。

此外，现金流量汇总几乎无法反映企业的**财务状况**（financial condition）。财务状况是指企业期末的资产与负债情况。例如，年末企业支票账户有多少现金？由现金流量汇总表（见表1—1）可知，企业本期现金余额减少470 000美元。但我们无法从现金流量汇总中获悉企业期末现金余额。更重要的是，现金流量汇总无法反映企业期末各项资产及负债的具体金额。

现金流量无法衡量利润

本例中的企业采用赊销方式销售商品。企业为客户提供了一个比较短的信用期限，允许客户延期支付货款。公司的产品主要面向企业客户，大部分销售采用商业信用的方式。（与此相反，大部分零售商面对的是个体消费者，他们往往会接受信用卡付账而不允许延期付款）。本例中，公司本年度销售商品收到的现金为 51 680 000 美元，其中一部分源自以前年度应收账款的收回。截至期末，本年度赊销收入中，仍有一部分尚未收回。

截至年底，公司本年度销售收入中有一部分会形成**应收账款**（receivables）。这些应收账款会在下年初收回。由于有一部分上年收入会在本期收回现金，且截至年底，有一部分本期收入尚未收回，因此，本期收回的现金并不等于本期的销售收入。

年度现金流出并不能衡量当期费用的正确金额。公司购买已售及待售商品支付的现金为 34 760 000 美元（见表 1—1）。但截至年底，很多产品仍以存货的形式存放于企业，这些产品尚未出售。在衡量企业利润时，只有那些已在本期出售且转移给客户的产品，才能用其成本抵减销售收入。难道你不同意这种观点吗？

此外，截至年底，公司产品成本中有一部分尚未支付现金。公司采取商业信用方式采购原材料，可以在几周之后付款。因此，公司采购原材料的款项会在期末形成**负债**（liabilities），产品成本中的其他项目也是如此。

公司本年度在经营费用、利息及所得税等方面支付的现金，也不能用于正确计算当期利润。公司未支付的款项会在期末形成负债。但表 1—1 所示的现金流出并不包括期末未付款项的金额。

简言之，企业销售商品收回货款产生的现金流入与支付各项成本费用产生的现金流出，都无法准确衡量当期利润。现金流量产生的太早或太晚都无法用来正确计量当期利润。所以，必须合理界定入账时间，才能明确一定时期的销售收入和费用。

权责发生制（accrual-basis accounting）要求合理界定销售收入及各项费用的确认时间。在权责发生制下，未收回的赊销收入确认为应收账款，未支付的各项费用确认为负债，以便合理确定某一时期内的利润指标。权责发生制下，企业资产与负债的确认以交易或事项是否实际发生为确认基础。因此，权责发生制能够更好地反映企业的财务状况。

现金流量无法反映企业财务状况

仅靠年度现金流量汇总表（见表 1—1）无法反映企业的财务状况。经营者必须了解企业拥有哪些资产以及每项资产的金额，例如，企业有多少现金、应收账款、存货，企业是否拥有其他类型资产，各项资产的具体金额是多少。同样，经营者也需要了解企业承担了哪些负债及各项债务的金额。

企业经营者有责任保证企业能够按时偿还到期债务，以确保企业的**偿债能力**（solvent）（及时偿还债务的能力）。经营者也有责任保持企业资产的**流动性**（liquid）（有足够的可供使用的现金）。此外，经营者还需要了解企业资产与销售的配比情况，资产规模相对于销售量是否过大（或过小）。除经营者外，公司的债权人和投资者也同样关注此类问题。

总之，无论是企业内部的经营者还是外部的债权人和投资者，他们都需要了解企业的财务状况（资产情况及负债情况）。此外，他们还需要了解企业的经营成果，他们需要一张能够汇总企业年度收入、费用和利润的绩效报告。

现金流量汇总是很有用的。事实上，将表 1—1 稍加改动便可以得到企业三张主要财务报表之一的现金流量报表，但是现金流量报表无法取代经营业绩报表和财务状况报表。下一章，我们将介绍其余两种财务报表，并且介绍现金流量汇总表的通用格式（而不是表 1—1 中的非正式格式）。

小结

在过去的一个世纪里（甚至更久），一种职业逐渐发展起来，并得到社会的广泛接受与认可，其主要职能是编制和报告企业财务报表，这就是**会计职业**（accounting profession）。会计职业的主要目标是制定一套适用于所有企业的通用标准，并在企业的日常核算，编制、出具财务报告等过程中予以实施。换言之，这套标准是企业在核算利润，报告经营业绩、财务状况和现金流量时都必须遵循的既定规则。企业不得自行编造会计核算方法，不得违背财务报告惯例。现有既定的规则和标准都是参照**一般公认会计原则**（GAAP）制定的。但不可否认的是，实际情况正变得越来越复杂。

美国已经开始逐步对非上市公司和上市公司、小型企业和大型企业采用不同的规则。此外，制定国际通用的财务会计报告标准的努力从未停止，到目前为止已取得一些成果。在第 23 章中会进一步介绍会计和财务报告的发展趋势。

第 2 章/*Chapter Two*

三张财务报表

报告财务状况、经营成果及现金流量

企业经营者、债权人及投资者都需要了解企业财务状况，因此他们需要一份能够概括性地描述企业各项资产、负债及所有者权益的报告。同时，他们需要了解企业的盈利（或亏损）情况，因此，还需要一张能够汇总企业近期销售收入及各项成本费用，并计算盈利（或亏损）的报告。此外，他们还需要企业一定时期的现金流量汇总。因此，企业会定期向其经营者、债权人及投资者报告这三类财务信息。

资产负债表（balance sheet）反映企业的财务状况，**利润表**（income statement）反映企业的经营成果，**现金流量表**（statement of cash flows）反映企业的现金流量。资产负债表也称为“财务境况报表”或“财务状况报表”，利润表被称为“损益表”或“收益表”。本书统一采用资产负债表及利润表这两种名称。现金流量表一般没有其他名称。

资产负债表、利润表及现金流量表共同构成一套完整的**财务报表**（financial statements）体系。非正式场合中，财务报表可简称为“报表”。通常情况下，财务报表还需要**附注**（footnotes）或**附表**（supporting schedules）等附加资料的补充说明。其中比较常见的附表是**股东权益变动表**（statement of changes in stockholders'equity）[①]。比财务报表范围更广的是**财务报告**（financial report），财务报告除了包括财务报表及其附注、附表之外，还包括董事报告、管理分析及财务情况说明书等相关资料。

表 2—1、表 2—2 和表 2—3 列示了第 1 章中介绍的公司的三张财务报表。这三张财务报表的格式和内容适用于生产或购买产品然后将其销售的生产型企业及贸易型企业。尽管服务型企业（不销售产品）的财务报表略有不同，但表 2—1、表 2—2、表 2—3 列示了其基本框架和内容。

小贴士

盈利（profit）这个词在利润表（或财务报告的其他地方）中并不常见，很少有企业使用这个词（尽管少数企业仍在使用）。盈利在很多人眼中意味着贪婪和唯利是图。这个词代表了超出必要范围的额外收益。利润表也称作**盈利及亏损**（profit&loss）或**盈亏报表**（P&L statement），但这个名称不会出现在企对外报出的外部财务报告中。

---

① 我国自 2007 年起，要求上市公司正式对外呈报所有者权益变动表。在我国，所有者权益变动表是与资产负债表、利润表及现金流量表并列披露的第四张财务报表。——译者注

表 2—1　　资产负债表　　单位：千美元

	期初数	期末数	变动额		期初数	期末数	变动额
货币资金	$ 3 735	$ 3 265	$ (470)	应付账款	$ 2 675	$ 3 320	$ 645
应收账款	4 680	5 000	320	预提费用	1 035	1 515	480
存货	7 515	8 450	935	应交税费	82	165	83
待摊费用	685	960	275	应付票据	3 000	3 125	125
流动资产合计	$ 16 615	$ 17 675		**流动负债合计**	$ 6 792	$ 8 125	
固定资产	$ 13 450	$ 16 500	3 050	**长期应付票据**①	$ 3 750	$ 4 250	500
累计折旧	(3 465)	(4 250)	(785)				
固定资产净值	9 985	$ 12 250		股本——上年末（793 000 股），本年末（800 000 股）	$ 7 950	$ 8 125	175
无形资产	$ 5 000	$ 5 575	575	留存收益	13 108	15 000	1 892
非流动资产合计	$ 14 985	$ 17 825		**所有者权益合计**	$ 21 058	$ 23 125	
资产总计	$ 31 600	$ 35 500	$ 3 900	**负债及所有者权益总计**	$ 31 600	$ 35 500	$ 3 900

① 我国会计准则中并无该科目。——译者注

表 2—2　　利润表　　单位：千美元

营业收入	$52 000
营业成本	(33 800)
毛利	$18 200
销售费用及管理费用	(12 480)
折旧费用①	(785)
息税前利润	$4 935
利息费用	(545)
税前利润	$4 390
所得税费用	(1 748)
净利润	$2 642

表 2—3　　现金流量表　　单位：千美元

经营活动产生的现金流量		
净利润（源自利润表）	$2 642	
应收账款增加	(320)	
存货增加	(935)	
待摊费用增加	(275)	
折旧费用	785	
应付账款增加	645	
预提费用增加	480	
应交所得税增加	83	$3 105
投资活动产生的现金流量		
购置固定资产	$ (3 050)	
购置无形资产	(575)	(3 625)
筹资活动产生的现金流量		
短期负债增加	$125	
长期负债增加	500	
增发股本	175	
分配现金股利	(750)	50
现金净增加（减少）额		$(470)
期初现金余额		3 735
期末现金余额		$3 265

① 我国现行会计准则规定，折旧费用计入相关成本费用，利润表中并不对其进行单独列示。——译者注

很多公司的利润表及现金流量表中都会分别列示“上年数”及“本年数”。但本章并不涉及这两张报表的上年数据，为简化起见，我们仅列示本年数据。相反，本章涉及资产负债表的期初余额，因此，表 2—1 中列示了期初数（还列示了期末与期初相比的变动额）。

利润表

对每个人来说，最关心的问题往往是一家公司是盈利还是亏损，其具体金额是多少。因此本书先介绍利润表，稍后再转向资产负债表及现金流量表。利润表汇总了企业某一时期（表 2—2 中为一年）的销售收入及各项成本费用，报表中所示金额为本年累计数。

利润表的第一行是销售收入，一般称为**营业收入**（sales revenue）。最后一行是**净利润**（net profit）（也可称为净损益，但很少称为盈利或净盈利）。净利润是营业收入扣除各项成本费用之后的余额。本例中的公司本年度实现销售收入 52 000 000 美元，净利润 2 642 000 美元。扣除各项成本费用后，净利润仅占营业收入的 5%多一点。

解读利润表就像下台阶一样，需要循序渐进，逐步完成。以营业收入为起点，每向下一阶，扣除一项或几项费用。第一步是从销售收入中扣除产品成本，得到**毛利**（gross margin）（也称毛利润——这是少见的在利润表中出现盈利一词的情况之一）。因其尚未扣除全部费用，还不是净利，故称为毛利。

第二步，从毛利中扣除其余各类经营费用，即**销售费用及管理费用**（selling，general，and administrative expense）和折旧费用（一种特殊的费用），得到**息税前利润**（earnings before interest and income tax）。第三步，扣除利息费用，得到税前利润。最后一步，扣除所得税费用，得到利润表的最后一行，即净利润。

表 2—2 为多步式利润表，利用三个中间指标衡量利润，除此之外，还有只反映最终净利润的单步式利润表，如表 2—4 所示。

表 2—4　　单步式利润表　　单位：千美元

营业收入	$ 52 000
营业成本	$ （33 800）
销售费用及管理费用	$ （12 480）
折旧费用	$ （785）
利息费用	$ （545）
所得税费用	$ （1 748）
净利润	$ 2 642

上市公司的利润表中还需要披露**每股收益**（EPS），这个指标等于年度净利润除以股票数量。虽然没有强制要求非上市公司披露每股收益，但是对于任何一个股东来说，这个指标都是很有帮助的。我们会在第 13 章及第 18 章中对此进行详细说明。

本章中的利润表（见表 2—2）仅列示了五种具体费用项目，但在实务中，利润表可能包含更多的费用项目，此处就不一一列举了。

除折旧以外，表 2—2 还列示了一项内容广泛、包罗万象的经营费用，即“销售费用及管理费用”。不仅如此，企业可以自主选择将销售费用与管理费用合并披露或分开列示，甚至可以将这两项拆分为更明细的科目。企业可以灵活设置其利润表中所披露的具体费用科目，美国财务报告准则在这方面的要求略显宽松。①

利润表中销售收入与费用的列示有公认的惯例，下面我们作一简要介绍。

- **营业收入：**是指某一时期销售商品（和/或提供劳务）所收到或应当收到的总金额。营业收入是扣除销售折扣、现金折扣、销售退回后的销售收入净额。营业收入为不含税收入。总之，营业收入是企业应当收到的用以弥补费用并形成利润（净利润）的金额。

- **营业成本：**是指某一时期所售商品（产品）的总成本。营业成本的确认并不是很难，但需要注意的是那些被盗、丢失的货物的成本或因毁损、陈旧而产生的减值。营业成本中可能包含了这部分**存货损耗**（inventory shrinkage）（存货损耗也可能被计入其他费用）。②

- **销售费用及管理费用（经营费用）：**这是一个综合性费用项目，内容非常广泛，这里泛指一切没有单独列示的费用项目。本例中，折旧费用并没有包含在销售费用及管理费用之内，而是作为一项独立的费用项目单独列示。实务中，有一些公司将销售费用与管理费用分别列示，也有一些公司单独列示其中的研发费用。经营费

① 与美国不同，我国现行会计准则对于利润表中所包含的科目有严格规定，且销售费用与管理费用必须分开列示。——译者注

② 与美国不同，我国现行会计准则中，营业成本与营业收入要符合配比原则，存货损耗不得计入营业成本。——译者注

用的具体项目种类繁多，其中一些项目的金额很大，还有一些项目的金额很小。经营费用的具体项目涵盖了从雇员薪酬（金额很大）到诉讼费（希望金额很小）等各个方面。

- **折旧费用：**是指建筑物、机器、设备、工具、家具、电脑以及车辆等长期资产的原始价值中，应计入当期成本或费用的部分。折旧是这些固定资产在当期因使用而发生的“损耗”。与其他经营费用相比，折旧并不会影响当期的现金流量，折旧费用也因此成为一项特殊的费用。
- **利息费用**①**：**是指企业某一时期因承担债务（带息负债）而应支付的利息金额。此外，还包括一些其他类型的融资成本，如取得贷款时发生的各项费用等。
- **所得税费用：**是指企业某一时期负担的所得税。当期的所得税费用等于应纳税所得乘以相应的税率。这里所指的所得税费用仅指企业所得税，并不包括其他税种。

资产负债表

本例中的资产负债表（见表 2—1）列示了一个企业的资产、负债及所有者权益三个会计要素的分类和排序应遵循标准化的格式。金融机构、公用事业、铁路系统及其他特殊类型企业的资产负债表，其格式与表 2—1 相比会略有不同。但是生产型企业、贸易型企业及

① 我国现行会计准则规定，利润表中一般不单独列示利息费用。——译者注

大部分公司都采用表 2—1 所示的资产负债表格式。

资产负债表左边列示资产。右边首先列示负债，因为债权人对企业资产享有优先求偿权。负债下方列示的是所有者（权益）资本，用以强调企业所有者或权益持有人（公司股东）对企业资产享有次要及低阶求偿权。

资产负债表中每一项具体的资产、负债及所有者权益，都称作一个独立的**账户**（account），每一个账户都有其名称及金额，这个金额称为**余额**（balance）。例如，由表 2—1 可知本期末：

账户名称	**账户金额（余额）**
存货	＄8 450 000

资产负债表中有一些项目，其金额是根据相关项目的金额合计填列的。例如，本例中流动资产期末数值为 17 675 000 美元，这个金额并不是根据某一个账户的金额填列的，而是根据四个同类账户的金额合计得来的。我们在资产负债表中的小计数或合计数上加划一条横线，以此表示该账户的余额是汇总而来的。

资产负债表中有一些项目下加划双横线（例如“资产总计”），这代表该项目是这一栏的最后一项。同样，利润表（见表 2—2）中“净利润”下加划双横线，表明它是这一列的最后一项（有些企业并不在净利润下加双横线）。

资产负债表反映的是利润表所示期间的最后一天，即企业关闭本期交易后的状态。例如，利润表的年度截止日期为 2014 年 6 月 30 日，那么，资产负债表的报告时间则为 2014 年 6 月 30 日午夜 12 时。

资产负债表中列报的金额就是该时点企业各账户的余额。企业的财务状况在那一时点被冻结。因此，企业应该谨慎、精确地区分交易事项的归属期间。

资产负债表只能反映企业资产、负债及所有者权益各项目的余额，却不能反映其增减变动的具体过程。例如，企业货币资金期末数为 3 265 000 美元（见表 2—1）。你能由此判断企业该年度的现金流入量与现金流出量吗？答案当然是否定的，甚至可以说从中我们得不到任何线索。

资产负债表的格式，分为账户式（水平式）（见表 2—1）和报告式（垂直式）两种。资产负债表中的项目并不是无序杂乱地堆在一起，而是依据惯例分为以下几类，并按照如下顺序列示。

左边（或上部分）	**右边（或下部分）**
流动资产	流动负债
非流动资产	非流动负债
其他资产	所有者权益

流动资产（current assets）是指能够在一个**营业周期**（operating cycle）内变现的资产。营业周期是指从外购或自制商品、储存商品、销售商品并形成应收账款到最终收回资金的这段时间。营业周期反映了企业经营的基本环节，这些活动循环往复、周而复始。营业周期可能很短，只有 60 天甚至更短；也可能较长，长达 180 天甚至更长。

有一些资产与营业周期不直接相关，如作为临时投资而持有的有价证券或者提供给员工的短期贷款，但这些资产能够在未来一年内变现，故也可以将其列入流动资产。此外，企业会提前支付一些经营性开支，这些项目虽已支付现金，但却不归属于本期。这些**待摊费用**（prepaid expenses）也被列入流动资产（见表 2—1）。

资产负债表中的第二类资产称作**非流动资产**（long-term operating assets）。企业持有这些资产的目的并不是为了将其出售，而是为了企业的生产经营活动。一般来说，这些资产可分为两类：**有形资产**（tangible assets）和**无形资产**（intangible assets）。有形资产存在物质实体，如机器、设备、建筑物等。无形资产不存在物质实体，它们可能是合法权利（如专利权和商标），可能是制造秘方，也可能是能给企业带来重要竞争优势的良好声誉。

企业有形资产一般通过"固定资产"项目反映[①]（见表 2—1）。固定这个词有些绝对，这些资产并不是真正意义上的固定不变。准确地说，这些资产是可供长期使用的经营性资源，如建筑物、机器、设备、卡车、叉车、家具、电脑和电话等。

固定资产在使用过程中会发生损耗，其价值也会逐渐减少，因此应在固定资产使用寿命内，对固定资产成本进行合理系统的分摊，将固定资产的成本逐渐转化为费用。这种在使用期内对固定资产成本进行合理系统分摊的过程称为**折旧**（depreciation）。每期的折旧金额作为一项费用列示于利润表（见表 2—2）。资产负债表中的**累计折旧**（accumulated depreciation）（见表 2—1），是指企业在报告期末提取的各年折旧额的累计数。正如你所见，累计折旧的账户余额是

① 在我国，有形资产泛指除无形资产外的其他一切资产。——译者注

固定资产原始成本的备抵调整项。

本例中，企业拥有多种长期无形资产，这些无形资产按照其取得或形成时的实际成本计量。除非有确切证据表明该项无形资产发生贬值或丧失经济利益，否则无形资产的成本应保持不变。对于使用寿命有限的无形资产，企业应在使用寿命内对其成本进行合理系统地分摊，并确认为当期费用，该费用通常被称为**摊销费用**（amortization expense）。对于使用寿命无限或不确定的无形资产，不应摊销，但应当在每个会计期间进行减值测试，如经测试表明已经发生减值，则需要计提相应的减值准备。

此外，资产负债表中有一项名为“其他资产”的科目，该科目列示那些既不属于流动资产也不属于长期运营资产的资产。本例中的公司并不存在任何“其他资产”。

流动负债（current liabilities）列示了企业的各项短期债务，这部分负债主要依靠流动资产的变现来偿还。此外，流动负债中还包括自资产负债表日起一年内到期的债务（借入资金）。本例中的流动负债包括四个具体项目（见表 2—1）。我们将在后续章节中阐述流动负债的具体内容。

非流动负债（表 2—1 中的长期应付票据）是指偿还期在一年以上的长期债务。本例中非流动负债只有一项。企业还需要在报表附注中披露长期负债的到期日、利率及其他相关信息。

注：为求简便，本例中的报表并没有包括附注，我们将在第 17 章中讨论附注。

债权人对企业资产享有求偿权，企业主要依靠现金及其他即将变现的资产来偿还负债（企业也可以使用未来收益产生的现金来偿还负债）。企业的资产负债表中应完整地包含所有负债，这样才能展示企业财务状况的全貌。

负债是企业资产的来源。例如，企业借入资金的同时现金会增加。企业赊购商品，一方面会增加存货，另一方面也会产生未来需要偿还的负债。此外，企业预先提取但尚未支付的各项费用也应计入负债。在资产负债表中列示负债的另一个原因是为了回答一个问题：企业总资产从何而来？

企业总资产中有一部分并不是来源于负债，而是来源于所有者投入的资本，以及企业留存的利润。本例中的公司是具有法人资格的经营实体，其资产负债表中的**所有者权益**（stockholders' equity）揭示了企业资产扣除负债后剩余部分的来源。表 2—1 中列示了股东（所有者）权益的两项具体内容，分别是**股本**（capital stock）和**留存收益**（retained earnings）。

所有者（公司股票持有者）投入资本，企业股本随之增加。[①] 净利润扣除现金股利后，剩余部分作为留存收益。留存收益的本质有些扑朔迷离，我们会在本书中其他章节进行深入介绍。这里仅作简单提示：留存收益绝对不是一项资产，再强调一次，留存收益不属

① 许多商业公司会按**面值**（par value）发行股份，面值是股票发行价的底线。但更多的公司会以高于面值的价格发行股票。超过面值的部分记入“股本溢价”这个二级科目。本例中的资产负债表并没有这个科目。

于资产。

现金流量表

表 2—3 展示的现金流量表与利润表（见表 2—2）归属于同一时期。利润表和现金流量表是两张动态报表，这两张动态报表揭示了企业一段时期内财务状况发生增减变动的原因，这段时期始于上年末资产负债表，止于本年末资产负债表。

本书第 14 章和第 15 章将详细介绍现金流量表，此处仅作简要说明。对比第 1 章中的非正式现金流量表（见表 1—1）及第 2 章中的正式现金流量表（见表 2—3），我们会发现许多不同之处。

你可能会认为现金流量表是相当简单明了的，但是我们很遗憾地告诉你，现金流量远比你所见的要复杂。要理解现金流，首先必须了解第 3 章中介绍的利润核算，同时还必须掌握第 4 章中介绍的三张报表之间的关系。然而，财务报告中并没有此类信息，财务报表也没有提示卡片。编制财务报表的会计会假设你已经了解了这些事——如果你不介意的话，我们想说，这真是个该死的假设。

第 3 章/*Chapter Three*

利润核算

一个重要的问题

第 2 章中我们以一个典型企业为例，介绍了企业的三张主要财务报表：表 2—1（资产负债表）、表 2—2（利润表）和表 2—3（现金流量表）。这三张报表全面地概括了企业的财务活动。你在阅读这三张报表的过程中，是否感到好奇，同时又存有疑虑呢？

你可能已经注意到一个问题。利润表（见表 2—2）显示该企业本年度实现净利润 2 642 000 美元。同时，其现金流量表（见表 2—3）披露了本年度经营活动（即营利活动）产生的现金流量为 3 105 000 美元。简言之，2 642 000 美元的利润，3 105 000 美元的现金流量。

停下来思考一下：为什么源于利润的现金流量会高于利润？“额

外”的现金流量从何而来？在其他情况下，现金流量是否会低于利润？一个简单的答案是，利润，更准确地说是决定利润的收入和费用，不仅仅是由现金流量组成的。实际的现金流入量通常会高于或低于企业同期销售收入。同样，实际的现金流出量通常也会高于或低于企业同期费用金额。

现金流量表的第一部分（见表 2—3）一定程度上解释了现金流量与收入和费用之间的区别。但以我们的经验来看，企业的经营者、债权人及投资者通常并不清楚收入和费用的确认规则，因此也不能很好地理解现金流量表的这部分内容。

本章将介绍利润核算的基本原理。我们关注的重点，是在确认收入和费用的过程中涉及的资产和负债项目。这些资产和负债的增减变动，能够用来解释现金流量与收入费用产生差异的原因。只有密切关注这些变化，才能更好地理解经营活动产生的现金流量。

本章的学习有利于理解现金流量表的第一部分。

利润的本质

利润并不是凭空出现的。某一时期的利润取决于当期确认的收入和费用。收入和费用的基本确认规则如下：

	资产	负债
收入	+	—
费用	—	+

即收入会引起资产的增加或负债的减少，费用会引起资产的减少或负债的增加。

利润等于收入减去费用，这是一条耳熟能详的规则。但你可能没听过另一种说法，确认收入和费用会引起企业资产和负债的变化，利润等于资产的变化减去负债的变化。如下例：

	资产	**负债**
收入	＋＄65	＄0
费用	－＄40	＋＄15
变动净额	＋＄25	＋＄15

本例中的利润是多少呢？资产增加 25 美元，负债增加 15 美元——因此利润等于 10 美元。需要注意的是，利润中包含了资产的变化和负债的变化。理解这一点很重要。利润不是由某一单项资产决定的，而是受多项资产和多项负债的共同影响。

在确认收入费用的过程中引入资产和负债，这使得利润核算变得更加复杂。但这种方法能够更真实地核算当期利润。这就是**权责发生制**（accrual-basis accounting）。坦率来说，权责发生并不能很好地描述这种利润核算方法。权责发生是指收入和费用在其权责实际发生时予以确认——即凡是当期已经实现的收入和已经发生或应当负担的费用，不论其款项是否收付，都应当作为当期的收入和费用。或许，称其为**实时制**（real time）核算会更好一些。

还有其他的核算方法吗？当然有，也可以以款项是否实际收付为标准来确认当期的收入和费用。这种方法称为**收付实现制**（cash basis accounting）。但无论企业规模大小、上市与否、成立时间长短，收付实现制都存在很大的局限，且会严重误导大多数企业。如表3—1，左边列示了第2章中的单步式利润表，右边是资产负债变化表，列示了企业资产和负债的变动额。

我们用直线将收入费用与对应的资产负债连接起来。值得注意的是，资产负债变化表中有一些项目并没有对应的连接线。这说明在收入与费用的确认过程中，并没有涉及这些具体项目。

表3—1　　利润表与资产负债表本年因经营活动而产生的变化　单位：千美元

年度利润表

营业收入	$ 52 000
营业成本	$(33 800)
销售费用及管理费用	$(12 480)
折旧费用	$ (785)
利息费用	$ (545)
所得税费用	$ (1 748)
净利润	$ 2 642

本年资产负债变化表

资产	
货币资金	$3 105
应收账款	$ 320
存货	$ 935
待摊费用	$ 275
固定资产	
累计折旧	$ (785)
无形资产	
资产变化总计	$3 850
负债及所有者权益	
应付账款	$ 645
预提费用	$ 480
应交所得税	$ 83
短期应付票据	
长期应付票据	
股本	
留存收益	$2 642
负债及所有者权益变化总计	$3 850

确认收入和费用

接下来，我们将以权责发生制为基础，重点介绍在确认收入和费用的过程中涉及的某些资产和负债，目的是让大家意识到，企业确认收入费用的同时，会引起多项资产和负债的增减变动。企业资产负债表在很大程度上会受到该企业收入与费用的影响。我们需要考虑表 3—1 中的每一条连接线。

确认收入

本例中的企业完全采取赊销形式。该企业为客户提供 30 天的信用期。企业销售完成并发出产品后，确认赊销收入。具体处理方法如下：

利润表：	＋**营业收入**
资产负债表：	＋**应收账款**

参见表 3—1 中营业收入与**应收账款**（accounts receivable）之间的连接线。

企业全年实现赊销收入 52 000 000 美元。因此，应收账款账户的借方发生额为 52 000 000 美元。待企业收回货款时，调增货币资金，同时按相应金额调减应收账款。

企业本年度收回的现金略少于确认的收入。因此，应收账款期末余额增加 320 000 美元（见表 3—1）。在第 5 章中，我们将会详细介绍赊销和应收账款回收对企业现金流量产生的影响。

小贴示

企业可能在发货之前就已经收到客户支付的现金。以报纸为例，企业在印发报纸之前就已经收到客户支付的现金了。这种情况下，当企业收到现金时，调增**预收收入**①（unearned revenue），这是一个负债类账户。待企业发出商品或提供劳务后，调减预收收入，同时确认收入。本例中的企业并没有在发货之前收到现金。

结转成本

本例中的企业属于生产性企业，企业需要储备一定量的产品以备随时销售并立即发货。该企业除销售自制的产品外，还外购一些商品并将其转售出去。企业生产或购入商品时，按取得时的实际成本调增**存货**（inventory），这是一个资产类账户。在产品出售之前，其成本始终通过存货这一项目核算。产品销售时，其成本从存货转入营业成本中，此时企业需做如下处理：

利润表：	＋**营业成本**
资产负债表：	－**存货**

参见表 3—1 中营业成本与存货之间的连接线。企业本年共结转营业成本 33 800 000 美元，等于本年存货的贷方发生额。企业本期进行了采购以补充其销售的库存商品。

---

① 我国会计准则规定，未发出商品或提供劳务时，预收的款项通过预收账款科目核算。——译者注

企业存货的增减变动与其他因素一起，共同影响着企业的现金流出。本年公司存货借方发生额大于贷方发生额，因此，存货期末余额增加 935 000 美元（见表 3—1），本年增加的存货需要额外现金支出。我们将在第 6 章中进一步讨论存货期末水平及由存货采购引起的现金流出。

确认销售费用及管理费用

本例中的公司和其他企业一样，会产生多种经营费用，这些费用统一归集于**销售费用及管理费用**（SG&A）这一大类（见表 3—1）。销售费用及管理费用的内容非常广泛，从广告宣传到市场营销，从总裁薪酬到电力成本，可以说包罗万象。但销售费用及管理费用中并不包括折旧、利息及所得税费用，这些费用会在利润表中单独列示（见表 3—1）。

销售费用及管理费用可能会导致货币资金的直接减少——这种情况下并不涉及其他资产或负债，也可能会导致待摊费用减少，同时可能会导致应付账款的增加，还可能会导致预提费用的增加。

直接支付现金时按如下规则确认费用[①]：

利润表：	**＋销售费用及管理费用**
资产负债表：	**－现金**

实务中，企业通常需要预付一些经营费用，如保险费等。这些

① 支付现金时立即确认费用，这种做法中隐含了一个假设，即该项费用应归属于当期。

预付的费用将在未来几个月内分摊。企业提前支付时，按实际发生额计入**待摊费用**（prepaid expenses）[①]。然后，将该项费用在受益期限内按月分摊。

待摊费用确认为当期费用时，企业需做如下处理：

利润表：	＋**销售费用及管理费用**
资产负债表：	－**待摊费用**

本年企业待摊费用的借方发生额大于贷方发生额，所以待摊费用期末余额增加了 275 000 美元（见表 3—1）。我们将在第 9 章中进一步介绍待摊费用对现金流量的影响。

本例中的企业已经营多年且信誉良好，因此供应商为企业提供了相对较长的信用期限。同时，销售人员差旅费用及办公室业务招待费用等都使用企业信用卡结算。

企业赊购商品及使用信用卡结算时，需要确认短期负债，并将相应金额记入**应付账款**[②]（accounts payable）科目，具体处理如下：

利润表：	＋**销售费用及管理费用**
资产负债表：	＋**应付账款**

本年企业应付账款的贷方发生额大于借方发生额。因此，本年度应付账款期末余额增加 645 000 美元（见表 3—1）。我们将在第 8 章进一步介绍赊购对现金流量产生的影响。

---

① 我国现行会计准则已经废除该科目。——译者注

② 在我国，应付账款仅用以核算企业因购买材料、商品和接受劳务供应等经营活动应支付的款项，对于企业在商品交易业务以外的应付或暂收款项，统一通过其他应付款核算。——译者注

有一些经营费用需要预先列支，但尚不需要实际支付。这些费用应在其受益期内逐期预提。例如，公司为员工提供带薪休假和疾病补助，企业员工在工作满 50 周后可以享受两周的带薪休假。为了确认此类受益在前、支付在后的费用，企业设置名为**预提费用**（accrued expenses payable）[①]（或类似的名称）的负债类账户，并作如下处理：

利润表：	＋**销售费用及管理费用**
资产负债表：	－**预提费用**

本年公司预提费用的借方发生额小于贷方发生额，因此该项负债的期末余额增加 480 000 美元（见表 3—1）。我们将在第 11 章中进一步介绍该项负债对现金流量的影响。

确认折旧费用

本例中的企业需要仓库储存商品，需要架子、叉车等设备装卸和运输商品。此外，企业还需要办公场所、电脑、办公设备和家具等。该企业投入 16 500 000 美元用于购置多种长期运营资产，这就是资产负债表中的固定资产[②]（见表 2—1）。

固定资产的取得成本属于资本性支出，不能将其一次性确认为当期费用。因为固定资产的使用寿命超过一年，所以其成本应在预

① 我国现行会计准则已废除该科目，原属预提费用的业务，现应记入“其他应付款”科目。——译者注

② 原文为 property，plant，and equipment，其性质类似于我国的固定资产，故译为固定资产。原文中的固定资产为 fixed assets。——译者注

计使用年限内逐渐转化为费用。固定资产的成本应在其使用寿命内合理分摊，每一期分摊的部分称为折旧。如表 3—1 所示，企业本年度确认的折旧费用为 785 000 美元。

确认折旧的业务处理如下：

利润表：	**+折旧费用**
资产负债表：	**−累计折旧**

累计折旧是固定资产原始成本的备抵调整项。可将其理解为固定资产账户的贷方。资产负债表中（见表 2—1），累计折旧的余额已从固定资产成本中扣除。累计折旧的增加会导致固定资产净值减少。总之，由于折旧的增加，本期固定资产净值减少了 785 000 美元。

确认折旧费用并不会产生当期现金流出。固定资产只在购置时需要支付现金。我们将在第 10 章进一步解释折旧费用的本质及其在现金流量分析中的主要作用。

确认利息费用

企业借入一定数量的短期及长期应付票据（见表 2—1），且需要为此支付利息。利息每天都会发生，按季、半年或年支付。企业计提利息时需做如下处理：

利润表：	**+利息费用**
资产负债表：	**+预提费用**①

企业实际支付利息时，同时调减该项负债及货币资金。我们将

① 我国现行会计准则中，企业计提的利息一般通过应计利息科目核算。——译者注

在第 11 章进一步解释计提利息与支付利息在现金流量方面的不同之处。

确认所得税费用

依据企业本年度的应纳税所得额，该企业本年共产生了 1 748 000 美元的所得税费用（见表 3—1）。企业需做如下处理以确认该项业务：

利润表：	＋**所得税费用**
资产负债表：	＋**应交所得税**

所得税按年计征，企业通常会在年内分期预缴，年终汇算清缴。企业分期预缴税款时，同时调减货币资金及应交所得税。我们将在第 12 章进一步介绍所得税费用对现金流量产生的影响。

确认净利润转入留存收益

毫无疑问，净利润等于销售收入减去各项成本费用，企业的净利润最终会转入留存收益中。我们暂且略过记账步骤，只关注最终结果。本年留存收益增加 2 642 000 美元，这个金额与本年实现的净利润相同（见表 3—1）。资产负债表中的留存收益是企业净利润的最终归宿。

企业确认收入与费用的同时会导致资产与负债的变化，用资产的变化减去负债的变化，可以得到所有者权益的变化，本例中所有者权益净增加 2 642 000 美元。企业的**净值**（net worth），即资产减去负债，因盈利而增加 2 642 000 美元，且这部分增量归属于股东，股东权益也因此增加。

2 642 000 美元的净利润转入留存收益后，资产负债表随即进入平衡状态。左边的资产总计等于右边的负债与所有者权益总计。本例中，企业本年的经营活动使资产增加 3 850 000 美元（见表 3—1），负债增加 1 208 000 美元，二者相减得到 2 642 000 美元的净增加额，这个金额即为企业本年的净利润。

小结

表 3—1 中的企业案例说明，经营活动不仅会影响货币资金，而且会使企业多项资产及负债发生变动，其中货币资金是这些变化的核心。企业经营者、债权人及投资者应理解这些变化，并对其保持密切关注。本书反复强调这一点。

最后，我们回到本章开始时的问题，为什么本期现金增加 3 105 000 美元，而同期净利润仅为 2 642 000 美元（见表 3—1）？换言之，为什么本期现金流量比净利润多 463 000 美元？

回顾表 3—1 中资产及负债的变化。以应收账款增加 320 000 美元为例，这个金额意味着本期销售收到的现金比确认的销售收入少 320 000 美元。通常情况下，资产的增加会对现金流量产生不利影响，相反，资产的减少则会对现金流量产生有利影响。

负债的变化对现金流量的影响正好相反。例如，应付账款增加

645 000 美元意味着本期实际支付的现金比确认的费用少 645 000 美元。通常情况下，负债的增加会对现金流量产生有利影响，相反，负债的减少会对现金流量产生不利影响。

我们将资产及负债的变化对现金流量产生的影响整理如下：

本年度资产及负债的变化对现金流量产生的影响（根据表 3—1）

应收账款增加	$(320 000)
存货增加	$(935 000)
待摊费用增加	$(275 000)
累计折旧减少	$785 000
应付账款增加	$645 000
预提费用增加	$480 000
应交所得税增加	$83 000
对净现金流量的影响	$463 000

需要注意的是，累计折旧是固定资产成本的抵减项。累计折旧的增加实际上是固定资产价值的减少。同时，确认折旧费用并不需要实际支付现金。因此，折旧会对现金流量产生有利影响（详见本书第 10 章）。

以上就是本期现金流量比净利润多 463 000 美元的原因。上述过程中其中任何一项发生变化都会对现金流量产生影响。例如，若本期应付账款不变，则经营活动产生的现金流量将减少 645 000 美元，且会低于本年度的实际利润。

第 4 章/*Chapter Four*

利润不是万能的

企业经理的财务三重奏

第 2 章中，我们以一个典型企业为例介绍了三张主要财务报表——利润表、资产负债表及现金流量表。在这里我们提醒读者重点关注资产负债表中的所有者权益，并以此作为本章的开始。企业以发行股票的方式筹集了 8 125 000 美元的资本，见表 2—1 中**股本**（capital stock）账户。此外，企业累积留存了 15 000 000 美元的盈余，称为留存收益。这两项所有者权益来源总计为 23 125 000 美元。资产负债表的作用之一就是反映企业的所有权并披露权益资本的来源。

股东希望企业经营者能够有效利用这 23 125 000 美元的权益，创造合理的年度利润。最近一期的年度利润表显示，该企业实现净利润 2 642 000 美元。净利润约占年末所有者权益的 11%。股东、企业经营者及债权人想了解的不仅仅是净利润，他们希望看到的是利润形成的全过程。因此，利润表除披露净利润外，还应当披露当期收入及费用情况。

利润表概括地反映了企业经营者实现销售、控制成本并由此获得利润的能力。企业投资者及债权人特别关注收入利润率。盈利是企业生存的必要条件，也是经营者最重要的财务使命，但企业经营者的最终目标并不仅仅是净利润。

为了赚取利润及远离财务困境，经营者必须控制好企业的财务状况。这意味着，除其他工作外，经营者还需要将企业资产及负债保持在适度范围内，并控制其相对于彼此以及相对于企业收入和费用的比例。经营者必须避免出现现金短缺的状况，如拖欠到期负债、拖欠工资等。

企业经营者有三重财务目标：赚取足够的利润，控制资产负债，获得现金流。对于所有企业来说，无论规模大小，每张财务报表都有其对应的财务目标——对应经营业绩的利润表，对应财务状况的资产负债表，以及对应现金流量的现金流量表。

利润本身既不能确保企业的生存发展，也不能确保现金流的充足稳定。企业经营者不可能仅仅管理利润而不顾及与之相关的资产与负债。第 3 章介绍权责发生制利润核算时，我们已识别出这些资产及负债。本例中，该企业现金流量高于同期利润，这种现象正是由这些资产及负债的变化引起的。其他情况下，这些变化也可能导致现金流量低于甚至远远低于同期利润（极端情况下可能导致现金流量为负）。

企业经营者在利用利润表评价经营业绩的同时，会提出一系列以利润为导向的问题，比如：销售收入是否达到预期目标？与上年同期相比，销售收入为何增加？哪些费用的增加超过或未达到预计值？诸如此类的利润分析问题必不可少，但企业经营者不能仅仅局限于这些问题。

除分析利润之外，企业经营者还应关注财务状况及现金流量。大型企业中，财务状况和现金流量是与利润分开管理的，分别由不同人员负责。首席财务官（CFO）负责企业财务状况和现金流量。首席执行官及董事会负责监督 CFO，他们需要全面把握企业财务活动的方方面面——包括利润、财务状况以及现金流量。

小型企业中，董事长或所有者/经营者直接参与控制企业财务状况及现金流量。因为这种企业规模小、人员少，所以无法将这份工作指派给内部员工，但企业可以雇用外部顾问来提供咨询意见。

财务报表呈报中的问题

第 2 章结合企业案例介绍了资产负债表、利润表及现金流量表，任何一个典型的财务报告中都会包含这三张主要财务报表。每一张报表相对独立，在财务报告中占据单独页面。同时，每一张报表都有其自身的框架结构。但三张报表之间的联系并不十分直观，没有明显的交叉痕迹。

遗憾的是，财务报表在财务报告中的呈报方式并没有明确地表示出经营活动对财务状况及现金流量的影响。大家很容易忽视这三张报表之间的联系，而这种联系又是至关重要的。同时，会计师却认为读者能够理解这三张报表之间的关联，也能够利用这种关联去分析企业的财务活动。

第 3 章初步介绍了利润表与资产负债表之间的联系。在第 3 章中，我们界定了在确认收入和费用的过程中所涉及的资产和负债。表 3—1 展示了收入和费用与相应资产和负债之间的联系（你可能需要重新快速浏览一次）。但是，该示例并没有展示出财务报表之间的其他关联。

表 4—1 全面概括了利润表与资产负债表之间、资产负债表科目变动与现金流量表之间的关联。这三张报表像榫槽的木制品一样紧密联系在一起；利润表、资产负债表及现金流量表，这三者交错纵横，相互联结。

三张财务报表间的内在联系

小贴士

表 4—1 中的资产负债表采用垂直或纵向式，也称为报告式——资产在上、负债与所有者权益在下。为节省空间，我们省略了资产负债表中的流动资产、流动负债及股东权益等合计项（你可以快速对比表 4—1 中的资产负债表与表 2—1 中的“官方”资产负债表）。

表 4—1　　三张财务报表之间的联系　　单位：千美元

利润表

营业收入	$ 52 000
营业成本	$(33 800)
毛利	$ 18 200
销售费用及管理费用	$(12 480)
折旧费用	$ (785)
息税前利润	$ 4 935
利息费用	$ (545)
税前利润	$ 4 390
所得税费用	$ (1 748)
净利润	$ 2 642

资产负债表

年末余额		本年变动额
	资产	
$ 3 265	货币资金	$ (470)
$ 5 000	应收账款	$ 320
$ 8 450	存货	$ 935
$ 960	待摊费用	$ 275
$ 16 500	固定资产	$ 3 050
$ (4 250)	累计折旧	$ (785)
$ 5 575	无形资产	$ 575
$ 35 500	**资产总计**	$ 3 900
	负债	
$ 3 320	应付账款	$ 645
$ 1 515	预提费用	$ 480
$ 165	应交所得税	$ 83
$ 3 125	短期应付票据	$ 125
$ 4 250	长期应付票据	$ 500
	所有者权益	
$ 8 125	股本	$ 175
$ 15 000	留存收益	$ 1 892
$ 35 500	**负债及所有者权益总计**	$ 3 900

现金流量表

经营活动	
净利润	$ 2 642
应收账款增加	$ (320)
存货增加	$ (935)
待摊费用增加	$ (275)
折旧费用	$ 785
应付账款增加	$ 645
预提费用增加	$ 480
应交所得税增加	$ 83
经营活动产生的现金流量	$ 3 105
投资活动	
购置固定资产	$ (3 050)
购置无形资产	$ (575)
投资活动产生的现金流量	$ (3 625)
筹资活动	
短期负债增加	$ 125
长期负债增加	$ 500
增发股份	$ 175
分配股利	$ (750)
筹资活动产生的现金流量	$ (50)
现金增加（减少）额	$ (470)

第 3 章中介绍了收入和费用与相应的资产和负债之间的联系（见表 3—1）。表 4—1 再次展示了这些联系——只是连接线指向的是资产与负债的期末余额。在后续章节中我们将检验资产负债的期末余额与同期收入费用的相关程度。

除期末余额以外，表 4—1 还展示了资产负债表各账户的本年变动额，这些变化指向或来源于现金流量表。现金流量表的第一部分，结合各相关资产负债的变化，将净利润调整为经营活动产生的现金流量。这个重要的数据能够反映货币资金因经营活动而发生的增减变动。

企业本年经营活动使现金流增加 3 105 000 美元（见表 4—1），这个数字与同期 2 642 000 美元的净利润相比有显著不同。本例中，经营活动产生的现金流量比同期净利润高 463 000 美元。第 3 章中我们介绍了如何结合资产负债的变化来确认收入与费用，并在此基础上进一步确定现金流与利润之间的差额。

现金流量表（见表 4—1）中除经营活动外，还列示了投资活动和筹资活动，这两部分列示了企业本年度非经营活动产生的现金流量。本年度企业的关键决策是进行大量的现金投资，并从债权人及股东手中筹集额外的资金。值得注意的是，这些现金流量决策的连接线，将现金流量的来源及使用与其相应的资产、负债及所有者权益联系起来。

你无法一蹴而就地理解表 4—1 中的全部信息，这需要一个循序渐进的过程。本书后续章节会经常涉及表 4—1，它的作用类似于路线图——当我们行驶在连接财务报表的高速公路上时，这张路线图能够帮助我们通观全局。

需要强调的是，实务中的财务报表并没有表 4—1 那样的连接线，读者不可能在财务报表之间看到这些连接线。企业会计师认为财务报表的读者能够在头脑中自动生成表 4—1 那样的连接线。但在我们看来，这完全是会计师的想当然。财务报告中若能包含相关信息，用于提醒读者注意报表间的关联，那将是非常有利的。但请不要对此期望过高。

小结

根据我们的经验，企业经营者、管理人员，甚至一些注册会计师，都不能很好地理解表 4—1 所示的财务报表间的联系。多年来，第一作者 John 陆续收到很多读者的邮件，索要本书示例的 Microsoft Excel 工作簿文件（John 的电子邮件地址见本书序）。这些读者反复提到一点——理解财务报表之间的联系对他们来说十分重要。

John 本人，直至 1961 年任教于加利福尼亚大学伯克利分校，才真正理解这些关联。在浏览一本绝版的旧课本时，他意识到财务报表虽然自成一体，但仍彼此相连。尽管 John 已经获得博士学位，但此前并没有意识到这个关键问题（也许他刚好在那堂课上睡着了）。他被联结这个词打动了，在他的脑海中，仿佛看到一辆铰接式公交车，那种由两个相互联结的车厢组成的公交车。

表 4—1 为后续章节提供了基本框架。我们相信，通过后续章节的学习，你会发现这次财务之旅是有趣且有益的。

第二部分

联系

第 5 章/*Chapter Five*

销售收入与应收账款

每次探索一种联系

表 5—1 显示了利润表中的营业收入与资产负债表中的应收账款之间的关系。此表摘自第 4 章的表 4—1。表 4—1 呈现的是一种全貌，它能够完整地反映三张财务报表之间的所有联系。在本书第二部分中，每一个章节都会介绍其中一种联系，第二部分的所有章节都在探索三张报表之间的联系，本章是其中的第一章。因此表 5—1 只强调一种联系——利润表中的营业收入与资产负债表中的应收账款之间的联系。

友情提示 1

表 5—1（以及后续章节中的所有表）中的利润表和资产负债表都剔除了其中的小计项目。例如，此处的利润表是单步式报表，其中并没有显示毛利及其他衡量利润的中间性指标。同样，资产负债表中也没有显示流动资产、流动负债、固定资产净值等小计项目。剔除了小计项目后的报表更加直观也更加紧凑。

表 5—1　　销售收入与应收账款　　单位：千美元

年度利润表

营业收入	$ 52 000
营业成本	$(33 800)
销售费用及管理费用	$(12 480)
折旧费用	$ (785)
利息费用	$ (545)
所得税费用	$ (1 748)
净利润	$ 2 642

假设有5周的营业收入截至年底尚未收回，则应收账款的期末余额为：
5/52×52 000美元 =5 000美元

年末资产负债表

资产	
货币资金	$ 3 265
应收账款	$ 5 000
存货	$ 8 450
待摊费用	$ 960
固定资产	$16 500
累计折旧	$ (4 250)
无形资产	$ 5 575
资产总计	$35 500
负债及所有者权益	
应付账款	$ 3 320
预提费用	$ 1 515
应交所得税	$ 165
短期应付票据	$ 3 125
长期应付票据	$ 4 250
股本	$ 8 125
留存收益	$15 000
负债及所有者权益总计	$35 500

友情提示 2

表 5—1 并没有包括该企业本年度的现金流量表。相关内容将在第 14 章和第 15 章中介绍。现金流量表在此处只是一笔带过。

本章以及后续章节的核心思想是利润表中所列示的经营活动能够对在资产负债表中列示的资产和负债产生重要影响。本例中，该企业本年实现销售收入 52 000 000 美元。截至年底，本年销售收入仍有 5 000 000 美元的应收账款。这 5 000 000 美元是截至年底仍未收到现金的销售收入。

在后续章节中，我们将依次探索利润表账户与对应的资产负债表账户之间的每一条联系。

销售收入是如何驱动应收账款的

本例中，企业本年共实现销售收入 52 000 000 美元。这笔金额十分可观，平均每周的销售收入达到 1 000 000 美元。每发生一笔销售业务，企业就在**营业收入**账户中确认相应的销售收入（销售单价乘以所售产品的数量）。该账户累计了本年度发生的所有销售收入。在会计年度开始时，该账户的期初余额为 0；在该年度结束时，它的余额为 52 000 000 美元。简而言之，该账户的期末余额是整个期间的所有销售收入的总和（假定企业确认了所有的销售收入）。

本例中的企业完全采用赊销形式，这意味着确认收入与收回货款之间有一定的时间间隔。该企业的产品主要面向企业客户，所以完全采用赊销形式（许多零售商，如超市、加油站等，都是采用现销，或者接受变现能力较强的信用卡）。企业确认赊销收入后，按相应金额记入应收账款账户（发生赊销时的分录在第 3 章中也有所介绍）。一段时间后，当企业收到客户支付的现金时，调增货币资金，同时调减应收账款。

企业延长信用期限会使现金流入滞后，应收账款余额反映的就是这部分滞后的金额。应收账款的期末余额就是期末时仍未收回的销售收入。截至年底，本年的大部分赊销收入都会转化为现金。而且，上年赊销产生的应收账款也会在本年年初收回。但是，截至年底，仍有一部分赊销收入尚未收回。应收账款的期末余额反映的就是这部分未收回的赊销收入。

一些客户会为了享受现金折扣而尽快付款（对企业来说，虽然这些折扣会抵减销售价款①，但却能加快现金回款速度）。然而，大部分客户都放弃了现金折扣，等到 5 周后才支付货款。尽管该企业鼓励客户尽早付款，但是仍有一些客户要等 10 周甚至更久才会支付货款。这些拖延付款的一般都是老客户，所以企业才能容忍这种行为。

总体来讲，该企业的客户分为三类，尽快付款型、按时付款型和拖延付款型。假定所有客户的平均信用期是 5 周（这并不意味着每一个客户都是 5 周后付款，而是所有客户平均需要 5 周时间才能

① 我国现行会计准则规定，现金折扣在实际发生时计入财务费用。——译者注

付款)。这意味着，在年末通常有 5 周的销售收入仍未收回。销售收入与应收账款期末余额之间的关系可以表示如下：

$$\frac{5}{52}\times\frac{52\ 000\ 000\text{ 美元}}{\text{年营业收入}}=\frac{5\ 000\ 000\text{ 美元}}{\text{年末应收账款}}$$

正如表 5—1 所示，应收账款期末余额为 5 000 000 美元，这个数额等于 5 周的销售收入。值得注意的一点是，信用期决定了应收账款的规模；信用期越长，应收账款规模越大。

让我们换一个角度来理解这个要点。假定我们并不知道平均信用期是多少，但是我们可以利用财务报表中的相关信息来计算平均信用期。第一步是计算下面的比率：

$$\frac{52\ 000\ 000\text{ 美元营业收入}}{5\ 000\ 000\text{ 美元应收账款}}=10.4\text{ 次}$$

这个比率称为**应收账款周转率**（accounts receivable turnover ratio），在此例中是 10.4。用 52 周除以这个比率就可以得到平均信用期：

$$\frac{52\text{ 周}}{10.4\text{ 应收账款周转率}}=5\text{ 周}$$

可以看出，时间长短是问题的关键。企业经营者、债权人及投资者都感兴趣的是应收账款变现所需要的平均时间。我们认为，应收账款周转率更有意义，因为这个比率能够反映企业的应收账款需要几周（如果你愿意，也可以用天数表示）才能转化为现金。

你可能会质疑，对一个企业而言，5 周的信用期是不是太长了。这正是问题的关键：平均信用期应该是多少呢？管理者必须确保平均信用期处于可控范围内。因此，管理者可以采取缩短信用期、拒绝向欠款者提供商业信用、加大回收力度等措施来加强控制。

信用政策更适合结合营销战略和客户关系来探讨，但这并非会计领域的问题。值得注意的一点是，假定企业销售收入并没有减少，但曾经的平均销售信用期仅仅为 4 周，而不是 5 周。

在这种情况下，企业应收账款的期末余额为 4 000 000 美元（4/52×年营业收入 52 000 000 美元＝4 000 000 美元），与目前相比减少了 1 000 000 美元。这意味着该企业在本年内将多收到 1 000 000 美元现金。有了这部分额外的资金，企业可以减少 1 000 000 美元的借款。如果年利率为 6%，这将为该企业节省 60 000 美元的税前利息费用。又或者说，投资者可以减少 1 000 000 美元的投资，并把这些钱投资于别处。

关键的问题是存在资本成本。应收账款越多，意味着企业负债或所有者权益越多。企业的资本并没有发挥其应有的作用。

应收账款周转速度较慢，信用期限较长，这些问题都会导致应收账款的增加。这种情况下，企业就需要筹集额外的资金，或依靠较少的现金余额艰难度日。

本例中，假如你是企业经营者，你应该判断应收账款规模，即平均 5 周的销售收入是否与企业信用政策相一致。如果不一致，就需要进行调整。如果你是债权人或投资者，则应该关注管理层能否确保平均信用期限在可控范围内。平均信用期限的显著变化往往意味着企业信用政策的重大改变。

会计问题

从本章开始到第 13 章，我们会集中关注利润表账户与相应的资产负债表账户之间的关键联系。在这些章节的结尾，我们将简要介绍一些相关的重要会计问题

本书中对于这些会计问题的探讨仅仅是浅尝辄止。但大家应时刻牢记，财务报表中的数字取决于确认和计量时所采用的会计方法。企业总会计师必须决定采用哪种会计方法来记录收入和费用，同时需要权衡各种备选方法，并作出主观判断。

你可能没有意识到，会计决策通常并不完全明晰。事实上，会计方法在大多数情况下都或多或少地存在一定主观性。会计方法的选择不仅会影响利润水平，也会影响资产负债规模。回忆一下第 3 章中有关收入和费用的内容，收入表现为资产的增加或负债的减少，费用表现为资产的减少或负债的增加。

那么，与销售收入和应收账款相关的主要会计问题是什么呢？收入确认中最主要的问题是收入的入账时间，但销售的最终完成时间并不总是很明确。例如，产品售出后，仍可能出现销售退回、现金折扣、销售折让、维护保养等情况。

赊销形成的资产（如应收账款）最终可能无法收回，或无法全

部收回。那么，因此产生的费用或损失（称为**坏账**（bad debts）），企业应该如何予以确认呢?

总之，确认收入会涉及一系列会计问题。因此，企业应该在财务报表附注中披露其用以确认收入的基本会计方法。

第 6 章/*Chapter Six*

营业成本与存货

表 6—1（第 5 章介绍了这张表及后续章节中类似表格的设计）揭示了本章将重点关注利润表中的**营业成本**（cost of goods sales expense）和资产负债表中的**存货**（inventory）之间的关系。

持有存货以备出售

营业成本是指在某一时期内向客户出售的所有产品的成本。企业销售所得的收入计入营业收入，这是利润表中的第一个项目，第二个项目就是营业成本（见表 6—1）。可以看出，营业成本是该企业利润表中最大的一项支出，其金额几乎是同期销售费用及管理费用的 3 倍。

利润表之所以将营业成本作为第一项支出，是因为它是所售产品最直接、最相关的成本。回想一下表 2—2，营业收入减去营业成本，得到了**毛利**（gross margin）。尽管表 6—1 中没有单独列示毛利，但只有充分关注毛利（也叫**毛利润**（gross profit）），才能更好地理解利润表和资产负债表之间的关键联系。

表 6—1

营业成本与存货

单位：千美元

年度利润表	
营业收入	$ 52 000
营业成本	$(33 800)
销售费用及管理费用	$(12 480)
折旧费用	$ (785)
利息费用	$ (545)
所得税费用	$ (1 748)
净利润	$ 2 642

假定年末待销售的库存商品等于13周的年度销货成本，那么存货的期末余额为：
13/52×33 800美元 =8 450美元

年末资产负债表	
资产	
货币资金	$ 3 265
应收账款	$ 5 000
存货	$ 8 450
待摊费用	$ 960
固定资产	$16 500
累计折旧	$ (4 250)
无形资产	$ 5 575
资产总计	$35 500
负债及所有者权益	
应付账款	$ 3 320
预提费用	$ 1 515
应交所得税	$ 165
短期应付票据	$ 3 125
长期应付票据	$ 4 250
股本	$ 8 125
留存收益	$15 000
负债及所有者权益总计	$35 500

毛利这个词强调的是营业收入并没有扣除所有的费用项目，在此基础上减去更多的费用才能得到最终的净利润，毛利只是净利润的起点。换句话说，只有获取足够的毛利，才能进一步补偿所有费用，并产生足够的净利润。我们会在后续章节中讨论该企业的其他费用项目。

通过计算可以得出该企业营业成本占营业收入的 65%。因此，毛利占营业收入的 35%。该企业出售的产品种类繁多，一些产品的毛利率高于 35%，一些低于 35%，但总体而言，本期所售产品的平均毛利率为 35%——对许多企业而言，这是个正常范围内的结果。如果毛利率高于 50%或者低于 20%是不正常的。

大多数企业都必须持有一定的产品以备出售，这部分产品称为**存货**（inventory）。对于一个销售商品的企业来说，如果它的资产负债表中没有存货，会让人十分震惊（这种情况也可能会出现，但却极其罕见）。请注意表 6—1 中连接线的两端并不是营业收入与存货，而是营业成本与存货。这说明资产负债表中的存货核算的是产品的成本，而不是其销售价值。

存货这个资产类账户累积了采购或制造产品的所有成本。产品销售前，其成本都会留存在存货账户中。产品销售时，其成本从存货转入营业成本（对于陈旧、被盗或损毁的产品，可将其成本计提减值，也可将其成本从存货转入营业成本或其他费用项目，我们将在本章结尾介绍这部分内容）。

本例中，企业存货期末余额为 8 450 000 美元——这是准备明年出售的产品的成本。在利润表中，从营业收入中扣除的 33 800 000 美元是当年所售产品的成本。截至年底，所售产品均已发出。

该企业的所有产品中，有一些产品的生产周期较短，一些则较长。从结束生产到完成销售的这段时间内，产品一直存放在仓库中。有一些产品很畅销，生产结束后立即售罄；还有一些产品则会在仓库存放数周。同样，外购的商品在出售前可能只在仓库存放一小段时间，也可能存放两个月或更久。像大多数企业一样，该企业出售的产品种类繁多——这些产品的持有期有短有长。

本例中，企业所有产品的**存货平均持有期**（average inventory holding period）是 13 周，或者说 3 个月。这其中包括了生产的时间以及储存的时间。例如，某种产品可能需要 3 周时间生产，10 周时间储存，反之亦然。生产型企业会将存货进一步区分为在产品（仍然处于生产过程的产品）和产成品（准备交付给客户的已完工产品）。对于那些直接出售外购商品，没有再加工过程的企业，不需要设置在产品账户。通常情况下，对外提供的资产负债表中只有一个合并后的存货项目，如表 6—1 所示。而企业内部的管理者，是能够获悉更详尽的存货信息的。

鉴于企业的存货平均持有期是 13 周，则存货成本可表示如下：

$$\frac{13}{52} \times \frac{33\,800\,000\text{ 美元}}{\text{年营业成本}} = \frac{8\,450\,000\text{ 美元}}{\text{年末存货}}$$

请注意在表 6—1 中，企业存货的期末余额是 8 450 000 美元。

值得注意的一点是，存货平均持有期决定了存货的规模。持有期越长，存货数额就越大。因为企业的存货会占用其大量资本，所以管理者希望在保证销售的前提下尽可能地降低存货水平。

假定我们并不知道该企业的存货平均持有期。我们可以运用财务报表中的信息来计算存货平均持有期。

第一步是计算下面的比率：

$$\frac{33\,800\,000\ \text{美元年营业成本}}{8\,450\,000\ \text{美元存货}}=4.00\ \text{次}$$

这个比率称为**存货周转率**（inventory turnover ratio）。用 52 周除以这个比率得到用周表示的存货平均持有期：

$$\frac{52\ \text{周}}{4.00}=13\ \text{周}$$

同平均信用期一样，时间长短是问题的关键。企业经营者、债权人和投资者关注的是存货售出之前的持有时间。但我们认为，存货周转率更有意义，这个比率能够用来确定存货售出前的持有周数（如果你愿意，也可以用天数表示）。

13 周太长了吗？企业应该缩短存货平均持有期吗？企业经营者、债权人和投资者都很关注这个问题。如果持有期过长，存货会占用企业大量的资金，企业可能会因此陷入资金短缺的困境。

为了证明这一点，我们假定企业提高了存货管理水平，利用供应链管理等现代存货管理技术实现了存货持有期的缩短，成功把存货平均持有期缩短至 10 周，那么存货的期末余额将为：

$$\frac{10}{52}\times\frac{33\ 800\ 000\text{ 美元}}{\text{年营业成本}}=\frac{6\ 500\ 000\text{ 美元}}{\text{年末存货}}$$

这种情况下，存货期末余额减少 1 950 000 美元（8 450 000 美元减去 6500 000 美元）。因此，企业的资本需要量也减少 1 950 000 美元，也可以说，可供企业自由支配的现金余额增加了 1 950 000 美元。

小贴示

存货持有期仅为 10 周，企业有可能出现库存短缺，进而无法保证其销售的正常进行。换句话说，如果存货水平过低，可能会发生缺货。对销售人员来说，最沮丧的就是有客户但却没有产品。所以企业必须权衡持有存货的成本与缺货造成的损失。

总之，企业经营者、债权人和投资者必须确保存货持有期处于合理范围内。持有期太长，会浪费资金；持有期太短，会错失盈利。通过与历史数据或同业数据对比，企业可以判断其存货持有期是否合适。

会计问题

营业成本及存货的核算问题非常复杂。首先，我们提醒大家注意，生产型企业在确定其单位产品的总成本时会涉及一系列问题。相信我们，这并不像在公园里散步那样轻松。

高校为此专门设置了一门课程（通常称为成本会计）。其中一个主要的问题就是如何将间接生产成本按受益原则在不同产品之间进行分配。例如，安保工作涉及多个部门，如何分配其成本？又如，车间设备生产多种产品，如何分配其折旧？

零售商和批发商（经销商）只是外购产品以备转售，与生产型企业相比，这种贸易型企业更容易确定其所售产品的成本——尽管仍存在一些棘手的问题。总之，无论是生产型企业还是贸易型企业，存货的成本一旦确认，就会出现后续计量问题：产品成本会随着时间的推移而改变，各个期间的产品成本上下波动。

假定某一企业分两批购入相同单位的产品，第一批的成本为100美元，第二批的成本为104美元。企业出售了其中一个单位的产品。从存货转入营业成本的正确金额是多少呢？对这个问题，会计师们有三种不同的答案：100美元（先进先出法）、102美元（平均成本法）和104美元（后进先出法）。这三种方法都是可行的，不同的企业采用不同的方法。

你可能认为企业会选择与其营业收入最匹配的会计方法以便更好地度量毛利。然而一般来说，与企业的产品定价最一致的会计方法才是最好的，但这种逻辑方式并不是放之四海而皆准。企业在选择核算营业成本的方法时还需要考虑其他因素，最终确定的方法可能与其定价政策相一致，也可能不一致。

当存货发生市价下跌、重置成本降低、毁损、陈旧、丢失或被盗等情况时，企业会调减存货余额来确认由此造成的损失。该损失可能计入营业成本，也可能计入其他费用账户。企业并不披露这些减值的缘由。

企业可以自行选择会计方法，并在其财务报表附注中披露确认营业成本的具体方法。无论企业使用后进先出法[①]还是先进先出法，都应该在附注中披露存货的现行市价。其他特殊事件，如存货的重大减记等，也应该在附注中披露。但是，有关存货的附注是相当专业且晦涩难懂的。我们将在第 17 章探讨财务报表附注。

① 我国现行会计准则已取消后进先出法。——译者注

第 7 章/*Chapter Seven*

存货与应付账款

赊购存货

本章主要关注资产负债表中的**存货**（inventory）与**应付账款**（accounts payable）之间的联系，参见表 7—1。实务中，几乎每家企业的资产负债表中都存在应付账款，当企业利用商业信用方式接受劳务或采购物资、材料和产品时，就会形成这项短期无息债务。

应付账款有两种来源，一种来源于赊购存货，这是应付账款的主要来源。另一种来源于尚未支付的费用。因此，我们把应付账款分为两部分，每一部分对应一种来源（见表 7—1）。

第 5 章和第 6 章介绍的是利润表项目与资产负债表项目之间的联系。这一章我们将关注两个资产负债表项目之间的联系。本章的内容并不是关于销售收入或费用是如何驱动资产的，而是关于存货是如何驱动其相应负债的。

表 7—1

存货与应付账款

单位：千美元

年度利润表

营业收入	$ 52 000
营业成本	$(33 800)
销售费用及管理费用	$(12 480)
折旧费用	$ (785)
利息费用	$ (545)
所得税费用	$ (1 748)
净利润	$ 2 642

已知年末存货等于13周的销售成本，假定其中4周的货款尚未支付，则应付账款的期末余额为：
4/13 × 8 450美元 = 2 600美元

年末资产负债表

资产		
货币资金		$ 3 265
应收账款		$ 5 000
存货		$ 8 450
待摊费用		$ 960
固定资产		$16 500
累计折旧		$ (4 250)
无形资产		$ 5 575
资产总计		$35 500
负债及所有者权益		
应付账款	$ 2 600	
应付账款	$ 720	$ 3 320
预提费用		$ 1 515
应交所得税		$ 165
短期应付票据		$ 3 125
长期应付票据		$ 4 250
股本		$ 8 125
留存收益		$15 000
负债及所有者权益总计		$35 500

本例中，企业所售产品为自制或外购。在生产过程开始之前，企业以商业信用的形式采购原材料，即企业并不立即支付采购货款。此外，企业还赊购一些其他生产投入。例如，企业每月都会收到天然气和电费账单，但企业几周后才支付费用。而且，企业所售产品中有一部分是外购的，这同样也都是赊购。因此企业必须保持良好的商业信誉以便继续赊购材料、生产投入和产品等。

贸易型企业并不自行生产产品，它购买并转售产品。除非它们的赊购信用评级很糟糕，否则贸易型企业都会赊购产品，并形成应付账款。在某种程度上，本例中的企业既是一些产品的生产商，又是其他产品的中间商。

如表 7—1 中资产负债表所示，企业赊购产生的负债为 2 600 000 美元，确认为第一类应付账款。企业的销售费用及管理费用也会产生应付账款，这些尚未支付的费用（720 000 美元）确认为第二类应付账款。我们将在第 8 章探讨第二类应付账款。

一般来说，一个企业的存货持有期远远长于其赊购信用期。换句话说，企业在存货售出之前就需要支付应付账款。在本例中，从生产或者购入之日起到产品售出为止的平均时间，即存货平均持有期为 13 周（我们在第 6 章解释过）。但一般情况下，该企业需要在 4 周之内支付应付账款。

企业会为了享受供应商提供的现金折扣而加快付款速度。还有一部分应付账款，企业需要 6 周或更长时间才能付清。根据经验和政策，企业能够推算出赊购存货的平均付款期。本例中，假定该企业平均需要 4 周才能偿还这部分债务。

此时，赊购存货产生的应付账款的期末余额可表示如下：

$$\frac{4}{13} \times \underset{\text{存货}}{8\,450\,000\text{ 美元}} = \underset{\text{应付账款}}{2\,600\,000\text{ 美元}}$$

简而言之，此项负债等于存货余额的 4/13。企业在 4 周后才支付购货款，这使得企业能够免费持有存货 4 周。然而，在存货持有期剩余的 9 周内，企业仍需要从债权人或股东处筹集资本。

经济学家喜欢说“天下没有免费的午餐”。有鉴于此，延迟 4 周支付购货款也不是完全没有成本的，经销商会通过略高的定价来弥补延迟收款的损失。换句话说，企业延迟支付的购货款中往往隐藏着一小部分利息费用。

会计问题

在第 6 章结尾，我们探讨了一些有关存货的重要问题。应付账款相关的会计问题相对较少，主要问题是与此项负债相关的信息披露。

财务报表阅读者有权认为应付账款报告的数额就是在未来需要支付的金额。然而，企业可能会与供应商就价格或其他条款进行谈判。这些谈判可能会对应付账款金额产生重要影响，在这种情况下，企业应该在其财务报表附注中就这些谈判协商进行披露。

此外，财务报表阅读者有权认为，企业应付账款的债权人（为企业提供资金的当事人）与该企业其他债权人相比，并没有优先索偿权。换句话说，应付账款的债权人被认为是该企业的一般债权人，对该企业的资产没有特殊索偿权。事实上，如果应付账款的债权人对企业有特殊的支付索偿权，那么这些异常索偿权应该在其财务报表附注中进行披露。

还有重要的一点：财务报表使用者有权认为应付账款是流动的，这意味着这项负债并没有严重逾期（即已超过到期日）。例如，若企业应付账款中有一半已经逾期 2 个月或者 3 个月，在这种情况下，企业应该在财务报表附注中披露逾期金额。

也许我们并不需要强调这点，但应付账款是无息的，不应该与企业的有息债务混为一谈。如表 7—1 所示，附息负债（应付票据）单独列示。当然，对于严重超期的应付账款，债权人可能会收取利息。

值得注意的是，实务中应付账款的披露情况与本书探讨的标准并不一定相符。我们认为，企业应在其财务报告中全面披露应付账款的相关信息，但事实却并非如此。你在企业的财务报表中找不到应付账款的详细信息，尽管这项特别的负债可能超出企业总资产的 10%，在资产负债表日其余额可能大于货币资金。

第 8 章/*Chapter Eight*

经营费用与应付账款

确认未付费用

表 8—1 强调的是利润表中销售费用及管理费用与资产负债表中第二类应付账款的联系。由第 7 章可知，资产负债表中的应付账款分为两部分——第一部分产生于赊购存货，第二部分产生于尚未支付的费用。第 7 章解释了存货与应付账款之间的联系，本章主要介绍企业费用如何影响应付账款。

每个企业都存在多种经营费用。经营费用并不包括产品成本、利息及所得税费用，同时，本例中的企业单独列示其折旧费用。除此之外，其余所有经营费用全部归集于一个综合账户，这个账户就是“销售费用及管理费用”（见表 8—1 中的利润表）。该账户广泛应用于各类企业，虽然账户名称可能有所不同。

表 8—1　销售费用及管理费用与应付账款　　单位：千美元

年度利润表

营业收入	$ 52 000
营业成本	$(33 800)
销售费用及管理费用	$(12 480)
折旧费用	$ (785)
利息费用	$ (545)
应交所得税	$ (1 748)
净利润	$ 2 642

若截至年底年度销售费用及管理费用中有3周的金额尚未支付，则此类未付费用的期末余额为：3/52×12 480美元=720美元

年末资产负债表

资产		
货币资金		$ 3 265
应收账款		$ 5 000
存货		$ 8 450
待摊费用		$ 960
固定资产		$16 500
累计折旧		$ (4 250)
无形资产		$ 5 575
资产总计		$35 500
负债及所有者权益		
应付账款	$ 2 600	$ 3 320
预提费用	$ 720	$ 1 515
应交所得税		$ 165
短期应付票据		$ 3 125
长期应付票据		$ 4 250
股本		$ 8 125
留存收益		$15 000
负债及所有者权益总计		$35 500

一直以来，许多经营费用都是在支付时予以确认，企业支付费用时，调增费用，同时调减货币资金（第 3 章介绍了这些费用的确认方式）。但一些经营费用需要在支付之前就予以确认——这是本章的重点内容。

经营费用（operating expense）是简便术语，泛指企业经营过程中发生的多种不同的具体费用。本例中的企业单独列示了长期固定资产的折旧金额。所以，12 480 000 美元的销售费用及管理费用并不包括折旧（若折旧费用没有单独列示，则应包括在销售费用及管理费用中）。而且需要注意的是，12 480 000 美元的经营费用中并不包含营业成本、利息及所得税费用，这些费用于利润表中单独列示（见表 8—1）。

经营费用包括（排名不分先后）：

- 建筑物、复印机、卡车、轿车、通迅系统设备及其他资产的租金。
- 管理者、办公室人员、销售人员、仓库工人、保安等雇员的工资、薪金、佣金、红利及其他报酬（生产工人的报酬包括在产品成本中，是存货成本的一部分）。
- 企业员工的工资税及额外福利的成本，如雇主提出的保健医疗方案以及企业员工的退休方案（养老金固定收益计划的计量相对困难，但其他养老金固定交款计划的计量却并不是很难）。
- 采购办公用品及数据处理用品而发生的费用。
- 电话费、传真费、互联网及网站费用。

- 因入店行窃、监守自盗、疏忽大意和储存不当导致的存货损耗；存货损耗可以计入营业成本也可以计入经营费用。
- 因法律责任、火灾、交通事故及其他意外事项产生的费用。
- 因使用电力和燃料等产生的费用。
- 广告和营销费用，这是很多企业的主要支出。
- 坏账损失[①]，即确定无法收回的需要冲销的过期应收账款。
- 运输费用。
- 差旅及业务招待费。

销售费用及管理费用的具体内容并不局限于此，在此不一一列举。即便是规模相对较小的企业，经营费用的具体项目也会有上百个甚至更多。规模较大的企业，经营费用的具体项目可能有上千个。但在对外提供的财务报告中，大部分上市公司仅列报一项或两项综合的经营费用。例如，管理者可以从内部财务报告中获悉广告费用的具体金额，但对外提供的利润表中却没有单独列示。

如前所述，一些经营费用在支付时予以确认——没有提前或推迟。企业确认费用并调减货币资金。本章着重介绍确认经营费用的另一种基本方法——增加应付账款（后续章节将介绍确认经营费用的其他方式）。

如果所有经营费用都在当期支付，那么核算方法将简便很多。但正如本章及后续内容所示，经营企业并不如此简单。对于大多数

① 我国现行会计准则规定，坏账准备通过资产减值损失科目核算。——译者注

经营费用而言，企业不可能等到实际支付时再予以确认。只要责任已经发生，就应按相应金额确认费用。经营费用的发生意味着企业对于外部第三方负有一定的支付责任。

当企业承担未来的支付义务，并已获得相关经济利益时，便会产生负债。权责发生制的一条基本原则是将已发生但尚未支付的费用确认为负债。按权责发生制核算费用（如在支付之前予以确认），才能保证从营业收入中扣除每一项费用，从而准确核算当期利润。你可以快速回顾第 3 章中确认费用的相关内容（即利润核算）。

例如，假定律师在两三个月前为企业处理法律事务，而企业于 12 月 15 日才收到相应发票。企业会计（财务）年度截止于 12 月 31 日。企业拟于下一年度支付律师费。但这项费用应于本期确认，并记入相应账户。此时，企业应调增应付账款以确认该项法律费用。

这只是众多例子中的一个，其他诸如未付的已刊登的广告费用、电话费等。一般来说，因未付费用而产生的负债，其信用期限相对较短，通常只有一个月或更短。

对于因尚未支付的经营费用而产生的短期负债，企业应根据经验推断其平均付款期。本例中的企业，平均信用期限为 3 周。因此，相应短期负债的金额可表示为：

$$\frac{3}{52}\times\frac{12\,480\,000\text{ 美元}}{\text{年运营费用}}=\frac{720\,000\text{ 美元}}{\text{应付账款}}$$

表 8—1 显示，这部分应付账款的期末余额为 720 000 美元。

将已经发生但却尚未支付的经营费用确认为应付账款，一方面能够提醒企业对此负有偿还义务；另一方面能够确认已使企业经营活动受益的费用，从而正确核算企业当期利润。换言之，企业利润表及资产负债表中都确认了尚未支付的费用。

尚未支付的费用应在会计年度终了时确认为应付账款，这是毋庸置疑的。然而，未付费用的确认并不会立即减少现金，待企业实际支付时才会产生现金流出。第 3 章已简要介绍了收入与费用对现金流量的影响。第 14 章会进一步详细介绍经营活动产生的现金流量并全面展示现金流量表。

会计问题

第 7 章结尾介绍了在确认应付账款过程中涉及的会计问题。你可以快速回顾一下这些要点。

通常，因尚未支付的经营费用而产生的负债不会出现会计处理方面的问题，因为大部分情况下应计金额是明确的。企业收到的发票（账单）能够明确企业所拖欠的金额。一些供应商可能提供现金折扣，例如，若企业在 10 天以内付款，即可享受 2%的折扣。此时，企业通常会按照惯例，采取标准的方式来处理这些折扣。

财务报告中最具争议的问题是如何在利润表中披露经营费用。假如你是企业的股东，企业仅仅笼统地列示销售费用及管理费用的总计数，如表 2—2 所示，你是满意于此，还是希望获得更多细节？

后续章节中，我们将进一步讨论财务报告中的信息披露问题。在此我们想说的是，就通过利润表向所有者披露费用而言，财务报告准则并没有做出严格要求，企业甚至可以选择对此守口如瓶。

第 9 章/*Chapter Nine*

经营费用与待摊费用

支付在前、受益在后的经营费用

表 9—1 强调了利润表中的销售费用及管理费用与资产负债表中**待摊费用**（prepaid expense）之间的关系，本章将解释企业的经营费用如何驱动该项特定资产。

前面的章节介绍了受益在前、支付在后的经营费用——将尚未支付的费用确认为负债。与之相反，本章介绍的是支付在前、受益在后的经营费用。简而言之，本章介绍的待摊费用是企业必须预付一部分费用。

待摊费用的一个典型例子是保险费。保险费通常在保单期限前预先支付，保单期限通常为 6 个月或 12 个月。待摊费用的另一个例子是批量购买的办公用品及电脑耗材，这些用品通常在数周或数月后逐渐用完。

表 9—1 **销售费用及管理费用与待摊费用** 单位：千美元

年度利润表

营业收入	$ 52 000
营业成本	$(33 800)
销售费用及管理费用	$(12 480)
折旧费用	$ (785)
利息费用	$ (545)
所得税费用	$ (1 748)
净利润	$ 2 642

假设企业存在一项本期已经支付，但应当由下期负担的费用，数额等于4周的经营费用，则年末资产负债表中待摊费用的余额为：

4/52×12 480美元=960美元

年末资产负债表

资产	
货币资金	$ 3 265
应收账款	$ 5 000
存货	$ 8 450
待摊费用	$ 960
固定资产	$16 500
累计折旧	$ (4 250)
无形资产	$ 5 575
资产总计	$35 500
负债及所有者权益	
应付账款	$ 3 320
预提费用	$ 1 515
应交所得税	$ 165
短期应付票据	$ 3 125
长期应付票据	$ 4 250
股本	$ 8 125
留存收益	$15 000
负债及所有者权益总计	$35 500

企业提前支付费用时，相关金额不是计入当期费用，而是计入资产类账户中的待摊费用。随后，预付金额在后续若干受益期限内分期确认为经营费用。这种两步骤的处理方法能够将企业本期预先支付的费用递延到后续受益期间。合理分配待摊费用能够使后续受益期间各自承担公平的份额。分摊时，企业将本期应负担的部分从待摊费用中转出，并记入经营费用账户（第 3 章介绍了将相应金额从资产账户转入费用账户的具体方法）。

企业一般能够根据经验和业务性质估计出待摊费用占经营费用的比重。本例中，企业的待摊费用等于 4 周的经营费用。因此，待摊费用的期末余额可表示为：

$$\frac{4}{52}\times\frac{12\,480\,000\text{ 美元}}{\text{销售费用及管理费用}}=\frac{960\,000\text{ 美元}}{\text{待摊费用}}$$

如表 9—1 所示，该资产类账户的期末余额为 960 000 美元，远小于企业应收账款和存货的余额（这个数值对于大多数企业是很正常的）。

总之，将提前支付的经营费用计入待摊费用是为了将这些支出递延至合适的时间才确认为费用。对于这些提前支付的费用，企业不能在支付时即确认为费用——这相当于拆东墙（本期费用较高）补西墙（下期费用较低）。

将预付的经营费用记入待摊费用账户，这种做法的主要目的不仅仅是为了确认一项资产。从某种意义上说，预付经营费用类似于投资建筑物、设备、机器等长期经营性资产。不同的是，预付的经营费用是在短时间内完成摊销的，而分摊建筑物的成本则需要很多年（详细内容见下一章）。

预付经营费用引起货币资金减少，因为企业支付款项在前，确认费用在后。第 3 章已解释了待摊费用的增加对现金流的影响（现金流因待摊费用的增加而降低）。第 14 章将全面介绍销售收入及各项费用的现金流量分析。

会计问题：利用待摊费用粉饰数据

在大多数情况下，待摊费用并不存在严重的会计问题，但仍存在某种极端情况，在该情况下企业应将待摊费用的余额确认为损失。例如，若企业濒临破产，则其待摊费用无法给企业带来未来经济利益，也无法得到补偿。也就是说，确认待摊费用的前提条件是企业在可预见的未来能够持续经营（尽管关停企业的威胁会对不同资产产生不同程度的影响，但这个关键的假设仍是企业确认资产的基本原则之一）。

本书目前尚未涉及**会计舞弊**（accounting fraud）和**粉饰数据**（massaging number）。我们可以以待摊费用为切入点，对这些会计暗箱展开讨论。会计舞弊也叫**篡改账目**（cooking the book），粉饰数据也称为**盈余管理**（earnings management）。会计舞弊和粉饰数据之间并没有明确的界限，一般来说，会计舞弊通常包括伪造营业收入和（或）隐瞒费用，情节更为恶劣。

粉饰数据可以看作“抖松枕头”，其目的是使会计数据特别是净利润更加美观。粉饰数据就像开车时超速一点点，而会计舞弊则像是醉酒驾驶，会对他人造成严重威胁。

待摊费用是一项相对较小的资产，一般不会成为会计舞弊的重要因素。然而，企业很可能利用待摊费用账户来操纵当期费用。例如，企业可能将本应计入待摊费用的项目计入当期费用。或者，企业可能故意延迟摊销应由本期负担的某些待摊费用。

负责确认收入和费用的会计人员可能会参与操纵收入和费用，但他们并不是自愿粉饰数据，高层管理人员会直接或间接地指使会计人员不择手段地多计（或少计）当期利润。为此，会计人员必须无视既定的会计程序。毋庸置疑，这会使会计人员陷入道德困境。当然，操纵会计数据若情节严重可能会被定为刑事犯罪。这就要求负责审计企业财务报表的注册会计师能够发现所有重大的会计操纵。

本书第20章（会计方法）和第21章（审计）将用更大的篇幅讨论粉饰数据和会计舞弊。在此需要指出的是，粉饰营业收入和费用的数据会同时影响利润表和资产负债表。操纵会计数据具有双重效应，利润表和资产负债表都会出现不正确的金额。

例如，若企业一部分期末存货在当期遭受未投保的毁损，损坏的产品将在下期以低于成本的价格销售。会计理论是明确的，企业应于毁损发生时确认损失，但是企业管理层可能认为确认该项损失会冲击当期利润，（他们认为）该项损失在下期更容易消化。

假定会计人员并没有确认当期损失，则利润表中净利润就会偏高。同时，期末资产负债表中的存货金额也会偏高。此外，资产负债表中留存收益（累计每年确认的利润）的金额也会偏高。这两种财务报表都会受到人为的错误影响。

毋庸置疑，企业经营者和会计人员都应因粉饰数据而受到道德谴责。但是，不能否认的是，操纵会计数字的行为会一直存在。人人都谴责会计舞弊，但对于粉饰数据却比较宽容，这是会计人员不愿谈及的会计死角。这就像我们反对说谎，但大多数人都会撒些小谎。

第 10 章/*Chapter Ten*

折旧费用与固定资产；无形资产

简要回顾费用核算

财务报表涉及确认费用的及时性——在正确的期间确认费用，既不能太早，也不能太晚。确认费用的两个指导原则是：

1. **费用与营业收入配比**：营业成本、销售佣金以及其他任何与特定销售直接相关的费用都要与营业收入记录在同一时期。所有与销售直接相关的费用都应与营业收入相匹配。将营业收入记录在一个期间而将与该收入相关的费用记录在另一个期间的做法是愚蠢的。

2. **其他费用与受益期间配比**：很多费用并不与特定销售直接相关，如办公室职员的工资、仓库的租金、计算机费用、法律费用、审计费用、借款利息等。间接费用和直接费用同样必不可少，但间接费用不能与特定销售相匹配。因此，间接费用应按受益原则进行确认。

表 10—1　　**固定资产，折旧费用及累计折旧**　　单位：千美元

年度利润表

营业收入	$ 52 000
营业成本	$(33 800)
销售费用及管理费用	$(12 480)
折旧费用	$ (785)
利息费用	$ (545)
所得税费用	$ (1 748)
净利润	$ 2 642

长期经营性资产（土地除外）的成本在其预计可使用年限内逐期计入折旧费用

确认折旧费用金额并不会引起资产类账户的减少。相反，它会累积在备抵或抵消账户，称为累计折旧

年末资产负债表

资产		
货币资金		$ 3 265
应收账款		$ 5 000
存货		$ 8 450
待摊费用		$ 960
固定资产	$16 500	
累计折旧	$ (4 250)	$12 250
无形资产		$ 5 575
资产总计		$35 500
负债及所有者权益		
应付账款		$ 3 320
预提费用		$ 1 515
应交所得税		$ 165
短期应付票据		$ 3 125
长期应付票据		$ 4 250
股本		$ 8 125
留存收益		$15 000
负债及所有者权益总计		$35 500

第 3 章介绍了如何确认费用，费用会导致资产的减少或负债的增加。第 6 章介绍了如何利用资产类账户存货核算待售产品的成本，产品出售时，企业调减存货，结转营业成本。第 8 章介绍了如何利用负债类账户应付账款核算应归属于当期但却尚未支付的费用。第 9 章介绍了如何利用资产类账户待摊费用将经营费用递延至受益期间。

本章主要介绍如何将企业长期经营性资产的成本在其使用寿命内逐渐确认为费用。这些资产（除了土地）在使用过程中会发生损耗，其价值也会逐渐减少，这种在可使用年限内对长期资产成本合理系统的分摊过程称为**折旧**（depreciation）。会计中的折旧是指长期资产成本的跨期分摊。

折旧费用

本章开篇所示的表 10—1 展示了资产负债表中固定资产与利润表中折旧费用之间，以及折旧费用与资产负债表中累计折旧之间的联系。简单地说，企业长期经营性资产的成本在其预计可使用寿命内进行分摊（理论上），每期的折旧费用累计记入在一个单独的备抵（抵消）账户中，作为资产成本的抵减项。

本例中，企业租用专业机器、设备和工具，且已签订长期租赁合同。站在法律的角度，该企业并没有这些租入资产的所有权。因此，这些租入资产每月的租金应当计入费用，这些租入资产并不应在企业的资产负债表中列报（除非该租赁本质上是一种融资购买资产的方式）。企业应当在其财务报表附注中披露长期租入资产的租金义务。（注：目前，会计规则的制定者正在考虑一项建议，即在资产负债表中将租入资产确认为资产，并将未来支付租金的义务确认为负债。）

本例中，企业拥有一些长期经营性资产，如生产设备、办公楼、家具、电脑、运货车、叉车和其销售人员使用的汽车等。企业购入资产，使用数年，并最终将其处置。鉴于这些资产的长期性，会计人员称其为**固定资产**（fixed assets）。

企业拥有的长期经营性资产通常归集于资产负债表中固定资产账户（固定资产明细可在财务报表附注中披露，也可以附表形式单独披露）。最近一期期末，企业固定资产总成本为 16 500 000 美元（见表 10—1），这一数额是其固定资产原始成本的总和，或者说是企业购买这些固定资产时花费的总金额。

固定资产可使用多年，但它们会逐渐损耗并最终失去价值，简言之，这些资产使用寿命有限——它们不可能永远使用下去。例如，一辆运输货车可以行驶 20 万或 30 万公里，但最终这辆车还是会被淘汰。

例如，运输卡车的成本应在其预计使用年限内进行合理分摊，那么，预计使用年限是多少呢？企业可以根据经验估计固定资产的预计使用年限。理论上，企业应对每项固定资产的可使用年限做出最真实的预测，然后将其成本在该期间内进行分摊。然而，理论并不能解决所有问题，实务中，大多数企业会根据税法及相关规章制度来估计固定资产的使用年限，因为据此计算出的折旧费用可以在税前扣除。

税法规定了每一类固定资产计提折旧的最低年限。土地不计提折旧，理由是土地永不磨损，具有永久的寿命（房地产的市场价值可以随时间波动；洪水和地震可以摧毁土地——但那是另一回事）。

税法允许（但不要求）使用**加速折旧法**（accelerated depreciation）。加速有两层意思，一方面，固定资产在税法中的折旧期限可以远远小于其实际可使用年限。例如，汽车和轻型卡车可在 5 年内计提折旧，即使这些固定资产通常能够使用超过 5 年的时间。再比如 1993 年以后投入使用的建筑可以折旧 39 年，但大多数建筑能够持续更长的时间。美国国会在制定所得税法时认为，允许固定资产加速折旧是一项利好的经济政策。

另一方面，加速意味着费用**前置**（front-loaded）。固定资产使用寿命的前期会计提较多的折旧，后期计提的折旧远远小于前期。所得税法允许企业在前期扣除较多的折旧费用，在后期扣除较少的折旧费用，而不是将折旧均匀地分摊到各期（即直线法折旧）。

企业可以通过加速折旧法减少固定资产使用寿命前期的应纳税所得额。但这并不意味着加速折旧就是理论上或实务中最佳的折旧方法，由于得到了税法的认可，加速折旧法很受欢迎。

企业固定资产的折旧方法一经确定，不得随意变更。企业应当于每年年度终了时对折旧方法进行复核，只有成本才可以折旧。一旦固定资产的总成本折旧完毕，则不需要再计提折旧费用。固定资产提足折旧后，即使仍可使用数年，也不再提取折旧。

本例中，企业最近一期的折旧费用为 785 000 美元（见表 10—1），其建筑物和办公楼采用直线法折旧，其他固定资产（如卡车、电脑、设备等）采用加速折旧法折旧。

与大多数经营费用相比，每年计提的折旧金额略带主观性，主要的原因是使用年限的估计存在主观性。对于期限为 6 个月的保险，毫无疑问，保费总成本应在 6 个月内均匀分摊。但是，准确估计办公桌、展示架、文件柜、电脑等长期经营性资产的使用寿命是比较困难的。企业可以根据以往的经验进行估计，但经验也可能会误导企业。

由于使用年限的估计存在一定主观性，如果企业采取极端保守的方式来估计使用年限，将使用年限估计得过短（资产实际使用了更多年），那么计提折旧费用的速度将增加，请牢记这一点。

企业可以使用两种折旧方法，一种方法采用较短的使用年限，用以计算所得税；另一种方法采用更长更真实的使用年限，用以编制财务报告。但在实务中，大多数企业采用税法规定的折旧年限计算编制财务报表。所以，快速（加速）折旧法在财务报告中也很常见。

我们重申一遍，计提折旧不会使现金减少；计提折旧不会影响企业现金流量。然而，计提折旧会减少固定资产价值，要理解这一点，必须先了解本书接下来介绍的累计折旧科目。

累计折旧和固定资产的账面价值

企业每期计提的折旧并不直接调减固定资产账户。然而，企业计提折旧就是为了确认固定资产使用过程中的损耗，这样看来，调减固定资产账户似乎是可行的。那么，为什么不这样处理呢？

会计界的普遍做法是通过**累计折旧**（accumulated depreciation）账户核算企业计提的折旧费用。此账户顾名思义，即核算企业各期计提的固定资产折旧累计数。如表 10—1 所示，企业该账户期末余额为 4 250 000 美元。

与 16 500 000 美元的固定资产原值相比，累计折旧的余额表明该企业的固定资产并不是很陈旧。此外，该企业最近一年计提的折旧费用为 785 000 美元。由此可见，该企业固定资产已计提折旧超过 5 年。

如表 10—1 所示，累计折旧是固定资产的备抵调整项。本例中，企业固定资产原值为 16 500 000 美元，扣除累计折旧 4 250 000 美元等于 12 250 000 美元。固定资产原值扣除累计折旧后的余额称为固定资产**账面价值**（book value）。

一般来说，若假设企业持有资产直至折旧期限结束，那么固定资产的全部成本都要参与折旧。从某种意义上说，固定资产的账面价值等于未来的折旧费用，尽管企业可能在提足折旧之前就出售部分固定资产（值得注意的是，土地不计提折旧）。

最后，请记住，累计折旧余额 4 250 000 美元是企业各期固定资产折旧的累计数，而不只是最近一年的折旧费用。

账面价值与重置成本

在计提折旧费用后，该企业固定资产的账面价值为 12 250 000 美元（见表 10—1）。假设企业能够确定固定资产在资产负债表日的重置成本（这可能并不完全切合实际）。

固定资产的现行重置成本与账面价值是否相同呢？实际上，受通货膨胀及加速折旧的影响，重置成本甚至可能高于账面价值。

资产负债表中列示的固定资产原值并不代表其现行重置成本。原值是固定资产的原始投资额，需要通过使用该资产所取得的销售收入来收回。折旧是以收回原值为基础的核算方法，而不是按市价调整的核算方法。简而言之，固定资产核算的目的并不是为了确认其重置成本的变化。

需要指出的是，企业管理者不应忽视固定资产的当前重置成本，固定资产可能因火灾、水灾、暴乱、恐怖行为、龙卷风、爆炸等原因而毁损。很显然，企业管理者应根据固定资产重置成本为其投保。但是，在财务报告中，企业并不会因为重置成本的变化而调增固定资产的账面价值（企业一般不会披露固定资产重置成本，尽管没有规则禁止这种做法）。

企业应根据固定资产的历史成本计提折旧费用，而不是根据重置成本，对此已有人提出质疑。美国国会也许会在未来考虑修改所得税法，可能会允许企业以重置成本为基础计提折旧（按重置成本调增账面价值时产生的利得免税)。但目前没有任何迹象表明国会可能会因此而修改联邦所得税。

但我们必须承认，税法中固定资产折旧的相关规定仍有可能改变。例如，美国国会可能会出于所得税的目的而改变固定资产使用年限，事实上国会确实曾经这么做过。但国会目前并不愿意改变现行以实际成本为基础的固定资产折旧政策。

无形资产

到目前为止本章主要关注固定资产的折旧。但许多企业也投资了没有实体形态的无形资产，这些资产是看不见摸不着的。例如，企业购买了一项有价值的专利，这项专利能够在企业生产过程中使用多年。或者，企业购买了一个久负盛名的商标，深受消费者喜爱。企业购入专利或商标时，将这些特定资产的成本记录在**专利**(patents) 和**商标**(trademarks)[①] 等长期资产类账户中。

企业也许会收购另一家正在经营的公司，出价可能会高于目标企业可辨认净资产的价值总和。目标企业通常已经营多年，建立了良好的品牌形象和市场信誉，培养了较高的客户忠诚度。收购方之所以愿意支付超过目标企业可辨认净资产的价格，主要的原因可能是目标企业员工的经验和忠诚度，也可能是目标企业独特的工艺和

① 我国现行会计准则规定，专利和商标均通过无形资产科目核算。——译者注

产品配方具有很强的竞争优势。

企业合并时，很多原因都会导致合并成本超过目标企业可辨认净资产的价值总和。企业应当通过**商誉**（goodwill）账户核算合并成本超过目标企业可辨认净资产的份额。[①] 商誉及其他无形资产的成本是否应在受益期间内逐渐摊销，这个问题多年来争论纷纷，尚无定论。在此，本书不再赘述。

目前，会计准则不要求对无形资产的成本进行系统分摊（即**摊销**（amortization）费用）。[②] 但若无形资产已发生显著的价值损失时，企业应确认该无形资产的减值损失。企业每年应对无形资产进行减值测试，如果确实发生减值，应确认相应减值损失。

本例中的企业经减值测试，确认其无形资产本期并没有遭受价值损失，因此，企业没有确认减值损失。表 10—1 中，资产负债表中的无形资产与利润表中的费用账户并没有连接线。但请记住，当企业的无形资产发生减值时，应当确认减值损失。

会计问题

除折旧相关问题外，固定资产仍存在很多会计核算的问题。企业总资产中，固定资产所占的比重通常较大，因此这些会计问题也

① 我国现行会计准则规定，商誉不属于无形资产，企业应于合并资产负债表中单独列示商誉。——译者注

② 我国现行会计准则规定，企业应对使用寿命确定的无形资产进行摊销。——译者注

尤为重要。

很多书都介绍了折旧理论，也介绍了不同折旧方法各自的优点。正如本章前文所述，大多数企业依据税法规则来计提固定资产折旧，这无疑是一种既实用又方便的折旧方法。

如果固定资产的经济价值发生不可逆转的损失，企业应确认减值。例如，一家航空企业可能存在市场不再需要的多余的飞机，或者制造商可能因为市场需求下降而关闭整个工厂。如果企业产能过剩，就应该认真审视其固定资产是否发生减值。因经济价值损失而造成的固定资产减值是令人痛苦的，同时，这种减值也必然会大大削减当期利润。

按照惯例，固定资产的日常维修支出应计入当期费用，而更新改造支出主要用于改善性能、提高效率、延长使用寿命。如何区分日常维修支出与更新改造支出仍存在争议。更新改造支出应计入固定资产成本并在未来计提折旧。

企业为避免固定资产毁损时产生的巨额减值，可能会对固定资产进行自我保险，而不是购买意外损坏保险。那么当企业对其固定资产进行自我保险时，是否应就那些尚未发生，甚至可能永远不会发生的损失做出合理估计，并确认相关费用呢？实际上，大多数企业并没有合理估计与确认费用。

总之，关于固定资产还存在许多会计问题。因此，企业必须在其财务报表附注中披露其折旧等会计政策。此外，企业还应披露其无形资产的核算方法，特别是当企业本期确认巨额减值损失时。

第 6 章中，我们认为，企业营业成本的核算方法应与定价政策相一致。同理，如果是企业依靠营业收入收回固定资产的原始投资，折旧方法的选择应参考固定资产原始投资的回收速度。例如，企业拟于 20 年收回固定资产原始投资，并以此为标准制定销售价格，那么，该资产的折旧年限也应为 20 年。但若根据税法规定，企业的折旧时间可能为 10 年，这就造成了营业收入与费用不匹配。

第 11 章/*Chapter Eleven*

已经发生但尚未支付的费用

确认已经发生却尚未支付的经营费用

表 11—1 显示了利润表中**销售费用及管理费用**、**利息费用**（interest expenses）与资产负债表中**预提费用**（accrued expenses payable）之间的联系。本章介绍两种联系，这两种联系基于同样的观点——企业应确认已经发生但却尚未支付的费用，这样才能准确完整地反映企业各项费用，从而核算当期利润。

第 8 章讲到，对于某些经营费用，即使企业尚未支付款项，也应在收到相关票据（发票）时加以确认。本章将介绍企业应在期末核实是否存在尚未支付的费用，即使这些费用没有收到账单或发票，但它们已经发生的话，就应由本期负担。

表 11—1　　**预提费用**　　单位：千美元

年度利润表

营业收入	$ 52 000
营业成本	$(33 800)
销售费用及管理费用	$(12 480)
折旧费用	$ (785)
利息费用	$ (545)
所得税费用	$ (1 748)
净利润	$ 2 642

假设截至年末，年度销售费用及管理费用中有6周尚未支付，具体金额为：
6/52×12 480美元=1 440美元

截至年末，本年确认的利息费用中仍有一小部分尚未支付。

年末资产负债表

资产		
货币资金		$ 3 265
应收账款		$ 5 000
存货		$ 8 450
待摊费用		$ 960
固定资产		$16 500
累计折旧		$ (4 250)
无形资产		$ 5 575
资产总计		$35 500
负债及所有者权益		
应付账款		$ 3 320
预提费用	$ 1 440	
预提费用	$ 75	$ 1 515
应交所得税		$ 165
短期应付票据		$ 3 125
长期应付票据		$ 4 250
股本		$ 8 125
留存收益		$15 000
负债及所有者权益总计		$35 500

本例中，企业根据销售人员的业绩支付佣金，佣金当月结算，下月支付。年底时，最后一个月的销售佣金尚未支付。为了记录这笔费用的增加，企业设置预提费用[①]，这是不同于应付账款的负债类账户。

会计人员应该知道哪些费用会随时间推移而累积，并在年度终了时对这些尚未支付的费用进行合理估计。因为企业尚未从外部供应商处取得这些费用的发票（票据），所以，企业需要自制内部票据。会计部门必须特别留意哪些具体费用应由本期负担。

除尚未支付的销售佣金外，企业还应在年末确认以下几项尚未支付的费用：

- 长期累积的员工休假工资和病假工资，这可能是一个相当大的金额。
- 已经发生但尚未结算的电话费和水电费。
- 应由本年负担但企业尚未收到税单的房产税。
- 产品的售后维修保养费用。企业并不需要在当期提供这些服务，但因为企业已于本期确认营业收入，根据配比原则，相关售后服务产生的费用也应于同期确认。

少计预提费用极易导致企业年度财务报表出现严重错误——资产负债表中的负债及利润表中的费用都将被低估。企业需要识别出随时间推移而累积的费用，并在年底加以确认。

① 我国现行会计准则规定，此类费用计入应付职工薪酬。——译者注

本例中，企业支付经营费用的平均期限是 6 周。因此，预提费用的期末金额可表示如下：

$$\frac{6}{52}\times\underset{\text{销售费用及管理费用}}{12\,480\,000\text{ 美元}}=\underset{\text{预提费用}}{1\,440\,000\text{ 美元}}$$

如表 11—1 所示，预提费用期末余额中包括 1 440 000 美元的经营费用。对于一家正常的企业来说，平均支付期限为 6 周合适吗？由于各个企业情况不同，这个问题很难一概而论。我们只能说，6 周差不多属于平均水平，但请记住，具体问题具体分析。

企业尚未支付的经营费用会产生预提费用，也会产生应付账款，且前者的金额超过后者是很正常的。本例中，企业因尚未支付的经营费用而产生的应付账款为 720 000 美元（见表 8—1），仅仅是 1 440 000 美元预提费用的一半。

有些企业在对外资产负债表中合并列示预提费用与应付账款。这两种负债都属于无息负债，都因企业经营中的生产产品或购买产品等活动而产生。因此，它们也被称为**自发性负债**（spontaneous liabilities），即与融资行为无关，随经营活动的行为而自动形成的负债。大多数企业单独列报这两项负债，但财务报告准则允许将其合并列报。

第 14 章将着重介绍应付账款及预提费用的变化对现金流量产生的显著影响。我们需要着重理解这两项负债余额的变化对现金流的影响。

计提利息费用

几乎所有的企业都存在应付账款和预提费用——这是企业经营活动的重要组成部分。此外，大多数企业还存在借款。企业借款时需签署票据或类似的法律文书，因此，我们称这类负债为**应付票据**（notes payable）。借款需要支付利息，应付账款则不需要（除非应付账款已严重逾期，债权人将收取利息作为惩罚）。财务报表中单独列报应付票据，不能与无息负债混为一谈。

利息是企业使用借款而产生的费用。利息逐日累积，不断增加。利息与借入金额的比率称为**利率**（interest rate），用百分比表示。百分比的意思是“每一百”。如果你借入 100 000 美元，期限 1 年，并为此支付 6 000 美元利息，则利率为：

$$\frac{6\,000\text{ 美元利息}}{100\,000\text{ 美元借款额}}=\frac{\text{每 }100\text{ 美元支付 }6\text{ 美元}}{\text{或者年利率为 }6.0\%}$$

利率一般使用年利息率表示，尽管贷款的期限可以不足或超过 1 年。

利润表中单独列示利息费用。这样做的原因不是在于利息费用的规模大小，而是在于其性质特殊。利息属于财务费用而不是经营费用，利息费用的多少取决于企业的融资方式，即企业资本的综合来源。企业资本的来源主要有两种：债务资本和股权资本（所有者权益类资本的统称）。

企业实际支付利息的时间视情况而定。对于短期票据（期限1年以内）而言，通常在票据到期日一次性支付利息，到期日是指贷款期限的最后一天，届时企业需一次性还本付息。对于长期应付票据（期限超过1年）而言，可按月、季度、半年付息。不论付息方式如何，短期票据和长期票据的付息时间都会出现滞后或延迟。不过，企业需要确认应由本期负担但却尚未支付的利息。

企业应于期末计提归属于本期的利息费用，并按相应金额确认预提费用。在表11—1中，预提费用的第二部分即为应付利息。本例中，本期尚未支付的利息费用较少，只有75 000美元。

会计问题

第一个会计问题是利息费用的具体内容包括哪些。除向贷款人支付的利息外，借贷过程中还会产生其他类型的费用，如贷款申请费、处理费，贷款人所谓的提成比例，以及其他附加费用如律师费等。企业通常会将这些额外的费用计入经营费用，因此，利润表中的利息费用仅包括借款期间产生的利息。

第二个更为严峻的问题是关于未付经营费用的确认——这类经营费用很常见。我们必须告诉你，未付经营费用的确认取决于企业核算过程中的诚信程度，因为其中涉及大量的主观估计和预测。企业很容易利用这一过程粉饰数据。粉饰数据这个贬义语是指故意操纵营业收入及各项费用，从而多计（或少计）利润（另见我们在第 9 章对这个令人不快的话题的讨论）。

在此谨提醒读者注意，有些企业为平滑利润，或虚增利润，会花费大量精力操纵其营业收入及各项费用。这些企业绝不会在财务报表中透露出操纵数据的事实。

企业资产负债表中一般并不单独列示应付利息，但若金额巨大，企业则应单独列示应付利息。如果企业严重拖欠利息，则应在资产负债表中重点披露，以引起读者足够重视。

最后一个问题是，当企业深陷财务困境，不能偿还到期债务时，应如何编制财务报表。**持续经营假设**（going concern assumption）是财务会计的基本原则之一。会计人员假设，除非有确切证据表明企业无法持续经营，否则企业的正常经营方式将无限期延续，不会面临破产清算。当一家企业无法偿还到期债务时，债权人有权行使其索偿权，极端情况下，债权人甚至可以申请企业破产。

为避免债权人强制提出破产申请所带来的极端影响，企业可以申请破产保护。这是一个复杂的法律领域，远远超出本书的范围。如果面临此类法律问题，企业应在财务报表中就相关情况进行充分披露。

第 12 章/*Chapter Twelve*

所得税费用及相关负债

企业所得税

表 12—1 展示了利润表中**所得税费用**（income tax expense）与资产负债表的**应交所得税**（income tax payable）之间的联系。第 3 章介绍了确认所得税费用的会计分录。企业确认所得税费用时，同时调增所得税费用及应交所得税，待企业缴纳税款时，调减现金，同时按相应金额调减应交所得税。通常情况下，企业并不需要年内清缴全部所得税费用。本例中，企业以**应纳税所得额**（taxable income）为基础计算所得税费用，截至年底，仍有一小部分所得税费用尚未缴纳，企业需于近期缴纳这部分余额。清缴前，企业通过应交所得税账户核算应交而未交的所得税费用。

表 12—1　　**所得税费用及应交所得税**　　单位：千美元

年度利润表

营业收入	$ 52 000
营业成本	$(33 800)
销售费用及管理费用	$(12 480)
折旧费用	$　(785)
利息费用	$　(545)
所得税费用	$ (1 748)
净利润	$　2 642

截至年底，企业仍有少量的所得税费用尚未缴纳，这部分余额计入应交所得税。

年末资产负债表

资产	
货币资金	$ 3 265
应收账款	$ 5 000
存货	$ 8 450
待摊费用	$　960
固定资产	$16 500
累计折旧	$ (4 250)
无形资产	$ 5 575
资产总计	$35 500
负债及所有者权益	
应付账款	$ 3 320
预提费用	$ 1 515
应交所得税	$　165
短期应付票据	$ 3 125
长期应付票据	$ 4 250
股本	$ 8 125
留存收益	$15 000
负债及所有者权益总计	$35 500

本例中的企业属于股份有限公司，这是一种独特的法律组织形式（不同于合伙企业或有限责任公司）。企业作为独立的法人，有很多重要的优势。然而，以盈利为目的的企业面临一个严重的劣势——企业需要缴纳所得税，更准确地说，企业需要根据应纳税所得额，即税前利润，计算并缴纳所得税。

本例中的企业是典型的，即所谓的 C 型股份有限公司。这类纳税主体的利润需要双重征税，第一重对企业征税，第二重对股东征税（但仅限于税后净利润中用于分配现金股利的部分）。其他类型的法律实体不存在双重征税的问题，但这些企业需将应纳税所得额全部转移给股东，股东必须将其享有的企业应纳税所得额的份额与其他应纳税收入合并，计算并缴纳所得税。

要记住的第一点是，企业须就其应纳税所得额计算并缴纳税款，最简单的避税方法是应纳税所得额为零，或者为负。企业以盈利为目的，但是盈利就意味着要与政府分享税前利润。

要记住的第二点是，税法存在很多漏洞及变通空间，合理利用这些漏洞可以减少或推迟缴纳所得税。我们相信，你已经见识过所得税法的复杂性，但“复杂”只是一种保守的说法。

要确定应纳税所得额必须熟练掌握税法。大多数企业都有专业税务人员帮助其确定应纳税所得额，并就如何最大限度地节税给出建议。企业可以通过纳税筹划达到合理避税或延期纳税的目的。

本例中的企业，本书仅对其进行简要介绍。该企业应就其应纳税所得额缴纳联邦所得税及州所得税。此外，本书假设企业用于编制利润表的会计方法与用于确定应纳税所得额的方法完全相同。本例中，企业税前利润为 4 390 000 美元（见表 2—2），我们假定该金额等于其年度应纳税所得额。如表 12—1 所示，所得税费用为 1 748 000 美元，占其应纳税所得额的 40%左右。请记住，该企业需同时缴纳联邦所得税和州所得税。

企业所得税年内分期预缴，年终汇算清缴。实务中，当期可能有少量所得税费用无法在年底前缴纳，但这不会带来任何惩罚。

本例中，企业本年度已缴纳大部分所得税，但年度终了时仍有 165 000 美元尚未缴纳。未缴纳的部分记入应交所得税账户，如表 12—1 所示。

联邦所得税法每年都有变化。国会总是不断修订，或者说完善税法，弥补旧漏洞的同时又出现新的漏洞。不同时期的税率也不尽相同，因此，年终未缴纳的所得税比例很难预测。但是，如果年末应交所得税占同期所得税费用的比重很大，我们建议你仔细地检查。

会计问题

企业可能采取某种会计方法来确定应纳税所得额，该方法可能不同于核算营业收入及各项费用时所采取的会计方法。财务报告准则要求利润表中的所得税费用要与税前利润口径一致，这种做法的目的是确认与营业收入及各项费用相一致的“正常”的所得税费用。税前利润扣除这个正常的所得税费用后，即为企业税后净利润。

假设某企业利润表中披露的税前利润为 10 000 000 美元，据此计算的正常的所得税费用是 3 500 000 美元。然而，若企业计算所得税时采取了不同的会计方法，那么该企业当期实际所得税可能只有 2 500 000 美元。假设这种差异只是暂时的，能够在未来期间转回，并会增加转回期间的应纳税所得额。

在这种情况下，企业应按 3 500 000 美元确认所得税费用，按 2 500 000 美元确认当期应交所得税，其余 1 000 000 美元计入**递延所得税负债**（deferred income tax liability）——这 1 000 000 美元的差异能够在未来转回。

我们应该提醒大家，企业财务报表中列示的所得税费用与应交所得税之间存在诸多技术性问题，这已超出本书的范围。

企业财务报告中应该包含一个附表，用以说明如何将利润表中的所得税费用调整为同期实际负担所得税（基于年应纳税所得额计算）。很遗憾，这是财务报告中最少见的附表。

所得税费用的核算从一个侧面反映出财务报表具有条件性和暂时性的特点。财务报表中的数字看似可以作为利润业绩及财务状况的最终表述，但事实上，财务报表具有暂时性，很可能会产生后续版本（我们会在第 20 章讨论财务报表重述）。

企业确认的所得税费用及相应负债会在年度终了后进行重新修订，因为美国国税局（IRS）对于企业提交的纳税申报表可能持有不同意见。事实上，美国国税局可能会做一个全面的审计，并提出许多不同意见。

在计算应纳税所得额时，有的企业打破常规，有的企业墨守成规。即便如此，所得税法是相当复杂的，且有些问题尚未明确。总之，美国国税局很可能要求企业缴纳较多的所得税（有时会再退税）。

第 13 章/*Chapter Thirteen*

净利润与留存收益；每股收益

净利润转入留存收益

表 13—1 强调了利润表中**净利润**（net income）和资产负债表中**留存收益**（retained earnings）之间的关系，该表首次从净利润过渡到**每股收益**（earnings per share，EPS），这是一个新的知识点。本章着重介绍净利润如何驱动留存收益，同时还将介绍每股收益。

假设某企业总资产 10 000 000 美元，总负债 3 000 000 美元（包括应付账款等无息经营性负债及应付票据等有息负债）。企业所有者共投入资本 4 000 000 美元。可以看出，负债及所有者投入的资本共为企业提供了 7 000 000 美元，那么另外 3 000 000 美元资产从何而来？

表 13—1　　净利润与留存收益；每股收益　　单位：千美元

年度利润表

营业收入	$ 52 000
营业成本	$(33 800)
销售费用及管理费用	$(12 480)
折旧费用	$ (785)
利息费用	$ (545)
所得税费用	$ (1 748)
净利润	$ 2 642
每股收益	$ 3.30

利润表中的净利润会增加所有者权益账户类账户留存收益。（向股东分配股利时，该账户金额会减少。）

年末资产负债表

资产	
货币资金	$ 3 265
应收账款	$ 5 000
存货	$ 8 450
待摊费用	$ 960
固定资产	$16 500
累计折旧	$ (4 250)
无形资产	$ 5 575
资产总计	$35 500
负债及所有者权益	
应付账款	$ 3 320
预提费用	$ 1 515
应交所得税	$ 165
短期应付票据	$ 3 125
长期应付票据	$ 4 250
股本（股数8 000 000）	$ 8 125
留存收益	$15 000
负债及所有者权益总计	$35 500

企业资产不会从天而降，任何资产都有其来源，企业会计人员需要关注资产来源。本例中另外的 3 000 000 美元来源于企业赚取的没有分配的利润——留存收益。

企业需要设置两个基本的所有者权益账户——一个用于核算所有者投入的资本，另一个用于核算留存收益。本例中的企业是依法成立的股份制公司，所有者以认购**股票**（capital stock share）的形式向企业投入资本。正如表 13—1 所示，企业设置**股本**（capital stock）账户用以核算股东投入的资本，当企业向股东分配资金时，必须区分是向股东返还投资（不纳税）还是向其分配股利（纳税）。正如表 13—1 所示，企业设置了股本及留存收益两个账户。

利润表显示，企业当年实现净利润 2 642 000 美元（见表 13—1）。第 3 章曾介绍，企业应于期末确认净利润并调增留存收益。之所以称其为留存收益，是因为该账户余额因企业实现净利润而增加，因企业分配净利润而减少。

企业本期向股东分配现金股利 750 000 美元。因此，留存收益当期只增加了 1 892 000 美元（2 642 000 美元净利润－750 000 美元股利＝1 892 000 美元当期留存收益）。企业留存收益期末余额为 15 000 000 美元，这是企业历年留存收益的累积数。

值得注意的是，本例中，企业留存收益占总资产的比重相对较大，这意味着企业过去已经实现盈利。但我们无法从资产负债表中判断出企业以前年度是否经历过亏损，如果企业以前年度净利润不足以弥补亏损，则其留存收益账户余额为负，这种情况通常称为**累**

计亏损（accumulated deficit）或其他类似的名称。

很多人，甚至包括一些有经验的经营者，都对留存收益的确切含义感到很困惑。他们错误地认为留存收益是指企业预留的现金储备。不，绝对不是！留存收益并不对应某项特殊资产，当然也不特指现金。然而，留存收益这个名词极易使人产生误解，误以为这是企业留存起来的资金。

为强调留存收益，也许我们应该重新排列会计等式，从而正确理解留存收益的含义：

资产－负债－所有者投入资本＝留存收益

换句话说，企业总资产扣除负债和所有者投入资本后，剩余部分均来源于留存收益。本例中的企业数据如下所示：

35 500 000	－ 12 375 000	－ 8 125 000	＝ 15 000 000
资产	负债	股本	留存收益

总之，留存收益是企业总资产的来源之一。本例中，企业赚取利润并将留存于企业，总资产因此而增加 15 000 000 美元。我们必须查看资产负债表的资产部分，才能了解企业所拥有的具体资产项目。我们无法通过观察留存收益来判断企业所拥有的具体资产项目，因为此时你已经站在了资产负债表错误的一边。

当企业将部分（或全部）净利润留存后，留存的利润能够增加企业持续经营的资本基础。企业一般不会动用以前年度的盈余去分配股利，尽管当现金储备充足且没有其他投资用途时，企业倾向于大规模分配留存收益（例如，2013 年苹果公司不仅支付了高额股利，而且利用留存收益回购了大量股份）。

企业倒闭时，首先清算资产、偿还负债，然后将剩余资金分配给股东。这些剩余的资金首先用于返还股东投资，其次作为最后的股利分配（需要纳税）。

每股收益

利润表的最后一行是净利润，这个指标能够衡量企业整体经营业绩。每股收益（EPS）衡量的是每个所有权单位享有的净利润，或企业每股净利润。

本例中，假设你拥有 16 000 股，占企业总股数 800 000 股的 2%。几年前企业成立之时，你投资 120 000 美元用于购买这些股票，你是企业的原始股东之一。用 120 000 美元除以 16 000 股，意味着每股成本为 7.50 美元，后续投资者需支付更高价格购买这些股票。

由资产负债表（见表 13—1）可知，企业股本余额 8 125 000 美元除已经发行在外的股数 800 000 股，得到的平均每股价格超过 10 美元，可见后续投资者购入股票的单价更高。

你仅持有企业发行在外总股数的 2%，只是一个被动的外部投资者，你无法直接参与企业管理。当然，你有权享有公司 2%的现金股利，在必须经由股东表决的事项上，你控制 2%的投票权。

作为股东，企业会向你提供年度（和季度）财务报告的副本。不用说，你一定对企业的经营业绩非常感兴趣。你可能认为，企业净利润的 2%“属于”你，即 2 642 000 美元净利润中有 52 840 美元属于你，这是净利润这块大蛋糕中属于你的部分。你也可以关注每股收益（EPS），它等于净利润除以流通在外的普通股股数的平均值。本例中，当期每股收益为 3.30 美元，与每股 7.50 美元的成本相比，你在企业的原始投资赚取了丰厚的回报。

对上市公司来说，每股收益是非常重要的数据，上市公司是指股票在证券交易所上市交易的公司。事实上，上市公司必须在利润表中列示每股收益，非上市公司可以自由选择是否列报每股收益，但我们并不认为很多企业会这样做。我们将在第 18 章进一步介绍每股收益。

本书在此仅简要介绍每股收益在确定股票市场价格时所起的关键作用。例如，我们打算购买你持有的 1 000 股股票，你可能以每股收益 3.30 美元的 15 倍，即每股 49.50 美元出售。我们可能不愿意接受这个价格，但无论如何，每股收益都是重要的参考依据，很多新闻媒体都十分关注上市公司的每股收益。

会计问题

留存收益本身并不涉及会计问题，留存收益取决于当期净利润，而净利润取决于营业收入及各项费用，相关内容前文已做详细介绍。

如果净利润是错误的，那么留存收益的金额也不正确。

留存收益有一些技术方面的问题，这超出了本书的范围。总的来说，留存收益的列报很简单，没有什么争议，但报告每股收益完全是另一回事。在计算每股收益时有几个问题。第一，许多企业必须列示两种每股收益——一种基于流通在外的实际股份数（在股东手中），另一种则包括企业潜在的、可能在未来发行的额外股份。第二，我们简要介绍另一个所有者权益账户，名为**其他综合收益**（other comprehensive income），很多上市公司的财务报告中都出现了这一项目。其他综合收益作为所有者权益类账户单独列示，用于核算直接计入所有者权益的利得和损失。

你可能会认为，利润表能够反映企业所有利得或损失。然而，有些特殊的利得或损失会绕过利润表，直接计入所有者权益中的其他综合收益，这种处理方式背后的想法是，这些特殊的利得或损失不应参与企业净利润的计算。

第三部分

现金流量

第 14 章/*Chapter Fourteen*

经营（营利）活动产生的现金流量

净利润与经营活动产生的现金流量：这两者并不是双胞胎！

此刻我们改变方式。本书第 5 章到第 13 章（第 6 章除外）都是围绕**利润表**展开，其中每一章都解释了营业收入或某项费用与其对应的资产或负债之间的联系。如果不了解**资产负债表**与利润表之间的联系，就无法真正理解资产负债表（在第 3 章中我们解释了企业确认收入和费用时引起的资产和负债的增减变动）。

除利润表和资产负债表外，企业需要报告的第三个主要财务报表是**现金流量表**（statement of cash flows），本书中共有两个章节介绍现金流量表，本章是第一个。表 14—1 中包含了第 1 章讨论过的现金流量表。请花一点时间来阅读这张报表。

表 14—1　经营（营利）活动产生的现金流量

单位：千美元

资产负债表	期初数	期末数	变动额
资产			
货币资金	$3 735	$3 265	$(470)
应收账款	4 680	5 000	320
存货	7 515	8 450	935
待摊费用	685	960	275
固定资产	13 450	16 500	3 050
累计折旧	(3 465)	(4 250)	(785)
无形资产	5 000	5 575	575
资产总计	$31 600	$35 500	
负债及所有者权益			
应付账款	$2 675	$3 320	645
预提费用	1 035	1 515	480
应交所得税	82	165	83
短期应付票据	3 000	3 125	125
长期应付票据	3 750	4 250	500
股本	7 950	8 125	175
留存收益	13 108	15 000	1 892
负债及所有者权益总计	$31 600	$35 500	

年度现金流量表		
净利润——见利润表	$2 642	
应收账款增加	(320)	
存货增加	(935)	
待摊费用增加	(275)	
折旧费用	785	
应付账款增加	645	
预提费用增加	480	
应交所得税增加	83	
经营活动产生的现金流量		$3 105
固定资产投资	$(3 050)	
无形资产投资	(575)	
投资活动产生的现金流量		(3 625)
短期应收票据增加	$125	
长期应收票据增加	500	
新增股本	175	
支付现金股利	(750)	
筹资活动产生的现金流量		50
现金净增加（减少）		$(470)

在这我们赌定你对于现金流量表第二部分和第三部分（**投资活动**（investing activities）和**筹资活动**（financial activities））的理解要好于第一部分（**经营活动**（operating activities））。

表 14—1 列明了企业资产负债表，其中包含一列资产、负债及所有者权益的期初数、期末数及本期变动额。本章专注于现金流量表的第一部分，此部分显示出企业当期经营活动（即**营利活动**（profit-making activities））产生的现金流量。正如你所知，利润表反映了企业的经营业绩。然而在此不需要通过利润表来解释现金流量表的第一部分，因为经营活动产生的现金流量是由同期资产负债表的变动驱动的。

每个人心中主要的疑惑可能是为什么净利润与现金流量不相等。本例中，企业当期实现净利润 2 642 000 美元，但为什么没有产生与净利润相等的现金流量呢？现金流量表的第一部分会为我们提供这个问题的答案。

现金流量表第一部分的最后一行是“经营活动产生的现金流量”（见表 14—1）。坦率地说，这个名字并不十分贴切，我们更愿意称它为**盈余产生的现金流量**（cash flow from profit）。经营活动是用于确认企业经营活动中产生的销售收入及各项费用的会计专业术语。大多数时候，我们把现金流量表的这一项目称作盈余产生的现金流量，我们认为这样称呼更简短、更形象。不论如何，我们从现金流量表中看出，相比于 2 642 000 美元的年度净利润，企业从盈余中产生的现金流量为 3 105 000 美元。

企业管理者具有双重职责——第一是赚取利润，第二是尽快将利润转换为现金。因为货币具有时间价值，企业将利润转换为现金时，等待的时间越长，利润的价值越低。企业管理者应该清楚年度利润表中报告的利润与经营活动产生的现金流量是不同的。债权人和投资者也应该关注经营活动产生的现金流量以及管理者控制这些重要数字的能力。

我们可以采用一些方法，将净利润调整为经营活动产生的现金流量。每一项调整都是由企业当期经营性资产和经营性负债（即确认营业收入及各项费用时直接涉及的资产和负债）的变化引起的。我们依次来看企业现金流量表中所示的这些调整项（见表 14—1）。

影响经营活动产生的现金流量的资产与负债的变化

1. 应收账款（accounts receivable）：年末企业有 5 000 000 美元未收回的销售收入，这是应收账款的期末余额。企业当期营业收入中已包括这 5 000 000 美元，但企业并没有从客户手中收到这笔现金。年度终了时，这 5 000 000 美元仍属于应收账款而不是现金。然而，企业收回了其 4 680 000 美元的期初应收账款，用已收回的 4 680 000 美元减去未收回的 5 000 000 美元，结果对现金流量产生了 320 000 美元的负向影响，请参阅现金流量表（见表 14—1）中第一个调整项。简言之，应收账款的增加会减少经营活动产生的现金流量。

2. 存货（inventory）：请注意企业当期存货的大量增加，这可能是一个明智的经营决策，也可能不是。也许企业需要大量的存货来满足更高的销售需求，但也未必。不管怎样，增加 935 000 美元的存货都会对现金流量产生负向影响。解释这种影响最快捷的方式如下：存货是对在产品和产成品的一种投资，增加投资就意味着要对其投入更多的资金，请参阅现金流量表（见表 14—1）中第二个调整项。总之，存货的增加会减少经营活动产生的现金流量。

3. 待摊费用（prepaid expenses）：企业当期支付了 960 000 美元的经营费用，这些费用应由下期负担，因此不能计入本年度的费用，请参阅企业待摊费用账户的期末余额。本年度企业在经营费用方面支出 960 000 美元，但是企业待摊费用期初余额为 685 000 美元，这些费用是在上一年度支付的，但应由本期负担。考虑到待摊费用期初和期末余额，企业在整个年度内实际只有 275 000 美元的现金耗费。用未付的 685 000 美元减去已付的 960 000 美元，结果对现金流量产生 275 000 美元的负向影响，请参阅现金流量表（见表 14—1）中的第三个调整项。

4. 折旧（depreciation）：企业本年计提折旧费用 785 000 美元，这些费用并不需要支付现金，只是抵减企业固定资产的账面价值。企业计提折旧时，调增累计折旧账户，它是固定资产的备抵调整账户。为确认这些长期经营性资产在使用过程中发生的损耗，每年都会减记一部分账面价值。企业在购买这些长期使用的资源时已经支付了现金，当企业使用这些资产时不需要二次付费。总之，折旧费用并不是一项现金支出，因此确定经营活动产生的现金流量时，它是一个正的调整项，或者所谓的加回。请参阅现金流量表（见表14—1）中第四个调整项。

我们可以用另一种方式来解释在净利润基础上加回折旧的原因。在这里为了便于论证，我们假设年度内所有销售收入都已经以现金的方式收回。这些来自客户的现金流入一部分用于支付本年度内企业使用长期经营性资产的费用。从某种意义上说，企业每年将其固定资产的一小部分"卖给"其客户，定价时，企业会将折旧作为经营费用包含在价格之中。因此，企业每年都会用销售收入产生的现金流量来补偿一部分投资于固定资产的资金。简言之，本例中的企业从固定资产投资中再收回的785 000美元，是现金流量的一个重要来源。

5. 应付账款（accounts payable）：企业应付账款期末余额表明，本年度的生产成本、采购费用和经营性费用没有完全支付，此项负债的期末余额缓解了企业3 320 000美元的现金支付压力（见表14—1）。这些没有支付的成本避免了现金流出。另一方面，企业应付账款期初余额为2 675 000美元，这些负债在本年度内得以支付。未支付的3 320 000美元减去已支付的2 675 000美元后，对现金流量产生645 000美元的正向影响。请参阅现金流量表（见表14—1）的第五个调整项。

6. 预提费用（accrued expenses payable ）：此负债与应付账款的原理相同。企业本年度内未支付的费用为1 515 000美元，即预提费用的期末余额，但是企业已经支付了此项负债的期初金额

1 035 000 美元。未支付的 1 515 000 美元减去已支付的 1 035 000 美元后，对现金流量产生 480 000 美元的正向影响。请参阅现金流量表（见表 14—1）的第六个调整项。

7. 应交所得税（income tax payable）：企业应交所得税期初余额为 82 000 美元，企业在年初时支付了这笔金额。年度终了时，企业当期所得税费用中仍有 165 000 美元尚未支付，与本年度应缴纳的所得税费用相比，企业向政府机关少支付了 83 000 美元，这就是其对现金流量的净影响。请参阅在现金流量表（见表 14—1）中应交所得税增加对现金流量的正向调整。

让我们对净利润的七个现金流量调整项做一个总结：

- 经营性资产增加，经营活动产生的现金流量因此而减少；而经营性资产减少，经营活动产生的现金流量反而会增加。
- 经营性负债增加，经营活动产生的现金流量随之增加；而经营性负债减少，经营活动产生的现金流量也会随之减少。

如表 14—1 所示，在七个调整项的共同作用下，经营活动产生的现金流量为 3 105 000 美元，这比本年度净利润高出 463 000 美元。现金流量与净利润的差别归因于企业经营性资产和经营性负债的变化。总的来说，企业本年度经营活动产生 3 105 000 美元的现金流量。现金流量的这种来源对于每一个企业来说都是至关重要的。

简要介绍反映经营活动现金流量的直接法

财务会计准则委员会（FASB）作为美国会计行业规则的制定机构，十分关注经营活动产生的现金流量的相关报告。表 14—1 的格式并不是最佳的编报方法，对此你可能会感到惊讶。你在表 14—1 中看到的形式叫做**间接法**（indirect method），这种方法是以净利润为起点，通过调整经营性资产和经营性负债的变化来获得经营活动产生的现金流量。相反，FASB 更倾向于使用**直接法**（direct method）来展现现金流量表的这部分内容。

表 14—2 展示了用直接法格式报告经营活动产生的现金流量。在这种格式下，从销售收入中取得的现金流量和用于支付费用的现金流量都能够“直接地”展现出来。直接法格式都附有一张总结了经营性资产和经营性负债变化的附表，附表的展示方式与表 14—1 中的间接法几乎相同。

表 14—2　　现金流量表中反映经营活动现金流量的直接法　　单位：千美元

销售商品收到的现金	$ 51 680
购买商品支付的现金	(34 760)
支付的经营费用	(11 630)
支付的利息费用	(520)
支付的所得税费用	(1 665)
经营活动产生的现金流量	$ 3 105

两种方法反映的经营活动现金流量的结果是相同的。尽管 FASB

明确表示更倾向于直接法，但是绝大多数企业在其对外财务报告中都使用间接法（这是 FASB 许可的）。鉴于间接法的普遍性，本例中企业的现金流量表使用间接法。

现金流量及其另一种观点

企业及财经媒体经常提及“现金流量”，然而我们在阅读这些新闻及财经文章时，往往并不清楚文中现金流量一词的确切含义，这些文章的作者在使用这一术语时通常不会给出定义。这些新闻及财经文章中所谓的经营活动现金流量不一定是指现金流量表中的金额，他们经常使用一些衡量现金流量的其他标准。因此，当文章中提到现金流量时要特别小心。

另一种现金流量的定义已经变得十分流行：**息税折旧摊销前利润**（earnings before interest，tax，depreciation，and amortization，EBITDA）。本例中企业的息税折旧摊销前利润由以下内容决定（以千美元为单位，来自于利润表）：

本例中息税折旧摊销前利润的计算结果

净利润	$2 642
＋利息费用	$545
＋所得税费用	$1 748
＋折旧费用	$785
＝EBITDA	$5 720

因为利息和所得税费用并不完全等同于现金支出，所以这种度量方式并不能很准确地衡量现金流量。息税折旧摊销前利润更像是

营业利润的一种替代指标，一种没有考虑企业融资行为及税负，没有考虑折旧及摊销（如果企业记录过任何摊销费用的话）的替代指标。我们在第 10 章解释过，年度折旧额的确定带有一定主观性，通常不符合经济事实，而息税折旧摊销前利润能够弥补这一缺陷。但在使用这种指标时，你必须牢记，该指标并不是经营活动现金流量的替代指标。它不仅没有考虑利息及所得税费用对现金流量的影响，也忽略了可能对现金流量产生影响的其他因素。

息税折旧摊销前利润定义的现金流量，忽略了应收账款、存货、待摊费用、应付账款、预提费用和应交所得税的变动。如果这些经营性资产和经营性负债的变动相对较小，那么简单地将折旧（和摊销，如果有的话）添加到净利润中，则也可以作为现金流量的一种可接受的衡量方式。但通常这些变化都是重大且不容忽视的。

最后一个告诫：在某些情况下，现金流量会被推到风口浪尖，而利润被推到幕后。当一个企业的经营业绩低迷或业务报告显示亏损时，CEO 可能更愿意把注意力转向现金流量（假设现金流量是正常的）。然而，现金流量并不能代替利润。书本中介绍的最惯用的把戏就是把你的注意力从坏消息转移到任何一个可以找到的好消息上。简而言之，利润能够产生现金流量，而现金流量并不能产生利润。

会计问题

大多数财务报表阅读者都能够很直观地理解资产负债表（资产、

负债和股东权益），也能够清晰地认识利润等于收入减去费用。相比之下，他们似乎对经营活动产生的现金流量很疑惑。他们认为有利润就等于有现金，现金的增加就应该等于净利润。然而这是不正确的，利润和现金流量是两个不同的数字，它们各自都是重要的。

我们提醒你，会计人员采用的是权责发生制而不是收付实现制。权责发生制是大多数会计人员的第二种天性。事实上，我们见过的会计人员之所以对现金流量的理解存在疑惑，是因为他们过于沉浸在权责发生制中。实际上，我们已经看到会计人员在编制现金流量表时会遇到很多麻烦。

在编制财务报告时，会计人员应牢记，相比于资产负债表和利润表，阅读者通常更难理解现金流量表，但我们很难从实际的现金流量表中看到这方面的改进。我们阅读过无数的现金流量表，许多现金流量表都是极其复杂的，一个上市公司的现金流量表有三四十行甚至更多的信息，这很常见。此外，现金流量表中列示的项目不可以与资产负债表中相应的资产负债保持完全一致。

我们认为企业应该提供一种更简单明了的现金流量表。如果经营者能够简明扼要地总结概括企业当期的现金流量，这对理解现金流量表大有裨益。但实务中，很少有企业提供与它们的现金流量相关的评论。你可以通过阅读现金流量表获得一些进展，但仅此而已。甚至连注册会计师都很难对现金流量表做出完整和彻底的分析。

第 15 章/*Chapter Fifteen*

投资活动和筹资活动产生的现金流量

完成现金流量表

请查阅表 15—1。前一章解释了现金流量表三个组成部分中的第一部分，毋庸置疑是最难理解的一章。本章解释现金流量表中的其他两个部分，相比列示经营活动产生的现金流量的第一部分，这是小菜一碟了。

现金流量表（见表 15—1）的第二部分总结了企业当期对长期经营性资产的投资。本例中，企业花费 3 050 000 美元购置固定资产（长期经营性有形资产），该项目与资产负债表中的固定资产相对应。此外，企业当期增加 575 000 美元的无形资产投资。

如果企业当期处置固定资产或无形资产，那么处置投资的所得（不含税）也应纳入投资活动现金流量。本例中，企业当期没有处置任何长期经营性资产。我们顺带提一下，持续经营的企业年度内通常会处置一些固定资产。

表 15—1　　**投资活动和筹资活动产生的现金流量**　　单位：千美元

资产负债表	期初数	期末数	变动额
资产			
货币资金	$3 735	$3 265	$(470)
应收账款	4 680	5 000	320
存货	7 515	8 450	935
待摊费用	685	960	275
固定资产	13 450	16 500	3 050
累计折旧	(3 465)	(4 250)	(785)
无形资产	5 000	5 575	575
资产总计	$31 600	$35 500	
负债及所有者权益			
应付账款	$2 675	$3 320	645
预提费用	1 035	1 515	480
应交所得税	82	165	83
短期应付票据	3 000	3 125	125
长期应付票据	3 750	4 250	500
股本	7 950	8 125	175
留存收益	13 108	15 000	1 892
负债及所有者权益总计	$31 600	$35 500	

年度现金流量表		
净利润——见利润表	$2 642	
应收账款增加	(320)	
存货增加	(935)	
待摊费用增加	(275)	
折旧费用	785	
应付账款增加	645	
预提费用增加	480	
应交所得税增加	83	
经营活动产生的现金流量		$3 105
固定资产投资	$(3 050)	
无形资产投资	(575)	
投资活动产生的现金流量		(3 625)
短期应收票据增加	$125	
长期应收票据增加	500	
新增股本	175	
向股东支付的现金股利	(750)	
筹资活动产生的现金流量		50
现金流量净增加（减少）		$(470)

现金流量表（见表 15—1）的第三部分报告了**筹资活动**（financial activities）产生的现金流量。筹资一词是指企业与其资金提供者（即债权人和股东）之间的交易。本例中，企业短期负债和长期负债当期均有所增加，企业还通过（向企业的关键管理人员）增发股份筹得了相对较少的 175 000 美元的资金。请参见表 15—1，现金流量表中新增股本与资产负债表中股本之间的连接线。

企业本年度向股东分配现金**股利**（dividends）750 000 美元。现金股利包括在现金流量表的筹资活动部分。从逻辑上看你可能会问：为什么不将来自利润的现金股利与利润（即经营活动）产生的现金流量放在一起？我们将在后续章节进一步解释现金股利的位置问题。企业留存收益一方面因实现净利润而增加 2 642 000 美元，另一方面因分配股利而减少 750 000 美元。因此，本年度留存收益的净增长是 1 892 000 美元（见表 15—1）。

现金流量表的最后一行表明企业本年度现金“亏损”470 000 美元（见表 15—1）。好吧，也许我们不应该将现金的净变化作为现金流量表的“盈亏”。专业人士会觉得这很可笑。“盈亏”一词通常用来形容利润表，但是我们用它来形容现金流量表也没有什么错误。现金流量表的最后一行是本年度内决定现金增减的三类活动共同产生的最后净结果。

现金流量的全貌

经营活动是每个企业现金流入的重要来源。经营活动是现金流量的内部来源——资金由企业自身创造，而不是通过外部来源筹集。第 14 章解释了企业当期经营活动产生的现金流量为 3 105 000 美元，经营活动为企业提供了超过 300 万美元的资金，这可不是一笔小钱。

显而易见的问题是：企业如何使用这笔资金？现金流量表的剩余部分回答了这个重要的问题。现金流量表的剩余部分报告了企业本年度所使用现金的其他来源，它们为企业提供了额外的资本。同时，最重要的是，现金流量表显示了企业是如何利用这些资金的。

企业本年度经营活动产生了 3 105 000 美元的现金。企业能用这些钱做什么（稍后我们将看看它实际上做了些什么）？企业可以直接增加企业的**现金余额**（cash balance）——就让这些钱趴在企业的支票账户中，但除非企业濒临破产且迫切需要提高日常现金持有量，否则这并不是一种富有成效的利用方法。企业也可以用这笔资金偿付它的一些债务，或者向股东支付现金股利。

实际上，企业本年度的确向股东支付了 750 000 美元的现金股利。分配给股东的现金股利是现金流量表的关键项目之一（见表 15—1 现金流量表的第三部分）。从 3 105 000 美元的经营活动现金流量中减去 750 000 美元的现金股利后，还剩余 2 355 000 美元。你可能会问：企业用这笔资金做了什么？

为了使生产和销售能力实现现代化、规模化，企业本期购置长期经营性资产共支出 3 625 000 美元（见表 15—1），其中包括有形资产及无形资产。为强调投入资本的长期性，这些支出被称作**资本性支出**(capital expenditure)。你可能已经注意到，资本性支出的金额大大超过扣除现金股利后的经营现金流量（经营活动产生的净现金流量用于发放现金股利后剩余 2 355 000 美元，3 625 000 美元的资本性支出减去 2 355 000 美元等于 1 270 000 美元的现金短缺）。这笔钱必须从某处筹得。

企业可以通过三种途径弥补这一现金短缺：（1）通过短期债务或长期债务来借入更多的资金；（2）通过增发股票从股东处筹集额外资本；（3）减少现金余额。本例中的企业同时运用了这三种方式，具体过程如下（数据来自表 15—1）：

本年度资本性支出超出扣除现金股利后的经营现金流量部分的资金来源

短期借款的增加	$ 125 000
长期借款的增加	$ 500 000
新增股本	$ 175 000
现金余额的减少	$ 470 000
总计	$ 1 270 000

企业处于发展期时，扣除股利后的经营现金流量通常无法满足资本性支出的需求，因此，企业不得不扩大其债务资本或股权资本的规模，本例中的企业即是如此。第 16 章将介绍经营现金流量的增长和下降对企业产生的影响。

企业的管理者、债权人和投资者都密切关注着资本性支出，这些现金支出是对企业未来的一个赌注。实际上，这代表着企业需要新的固定资产维持或提升其竞争地位，或为未来的发展而扩建设施。这些都是企业管理者要做的最重要的决定。

进行资本投资通常是有风险的。一方面，企业面临极大的不确定性；另一方面，不进行这种投资则可能是给企业签署了一张死刑令，不进行此类投资，企业可能会落后于竞争对手，同时失去很难复得的市场份额。但是，过度投资和产能过剩又会给企业带来沉重的负担。

不论如何，企业本年度在新购置资产上花费了 3 625 000 美元（见表 15—1）。为此，企业不得不做出关键的财务决策——从何处筹集购买资产的钱。正如前文所述，企业决定允许其周转现金余额下降 470 000 美元。企业货币资金期末余额为 3 265 000 美元，就其 52 000 000 美元的年销售收入来说，相当于 3 周的销售收入。

我们应该指出，企业周转现金余额并没有统一的标准或准则。我们认为，大多数企业管理者会认为本例中的企业现金余额是充足的。那么，一个企业究竟需要多少现金作为安全储备以抵御不利的发展呢？

如果经济暴跌，或者企业销售严重下滑会怎样呢？如果无法按时收回应收账款会怎样呢？如果该企业存货滞销积压，无法保持现金流量的正常流转会怎样呢？如果企业没有足够的资金按时支付职工工资会怎样呢？这些现金困境都没有简单的答案。

企业可以放弃支付现金股利以使其周转现金余额保持在较高水平。通常情况下，股东希望获得投资回报，董事会迫于压力而支付现金股利。不管怎样，企业分配了 750 000 美元的现金股利，这反映在现金流量表（见表 15—1）的筹资活动部分。

总之，现金流量表同利润表和资产负债表一样值得关注和监督。虽然不太可能，但一家盈利的企业也许会遇到流动性问题（没有充足的准备金）或者偿付问题（不能按时偿还负债）。总之，利润无法保证流动性和偿债能力。所以应仔细阅读现金流量表，看看是否存在任何危险迹象或红色警戒。

在第 14 章的结尾我们提到大多数上市公司编制的现金流量表过于烦琐，这会让人感觉是企业故意让现金流量表晦涩难懂，尽管这种观点可能过于愤世嫉俗。

我们的建议是，在阅读现金流量表时侧重金额较大的项目，而跳过其中的小细节，往后站，尝试看看整体。与现金流量表相比，上市公司的利润表更为简洁明了，通常也更容易理解。这确实是一个奇怪的现象。

会计问题

在报告现金流量时存在一些技术性会计问题。例如，企业是否应将非持续的现金流量与持续的、循环的现金流量分开报告？某些短期活动产生的现金流量是应该报告总额还是净额？这些现金流量问题超出了本书的范围（说到这，我们似乎可以听见你松了口气）。

在报告现金流量的权威性声明中，有件事情是一清二楚的。每股现金流量不应包括在企业的财务报告中，尤其是，企业不应该报告其经营活动产生的每股现金流量。你可能还记得第 13 章中，上市公司被要求报告每股收益（EPS)。会计主管部门不希望财务报表阅读者混淆 EPS 与现金流量。

除过于烦琐外，现金流量表还需要批评的一点是将现金股利放置在表中筹资活动部分。与之不同，我们倾向于把现金股利直接放置到经营活动产生的现金流量中。从经营活动产生的现金流量中扣除现金股利金额，这种做法能够突出企业可用于一般业务的现金流量金额。

这种做法是为了更清楚地显示出企业在支付现金股利后还剩余多少可用的经营现金流量。据此财务报表阅读者能轻松地估计出股利对经营现金流量的反向影响，也能够看到可满足其他业务需求的剩余现金数额。但现行标准是把股利放在现金流量表的筹资活动部分。我们认为，在决定现金股利位置的问题上企业应该有更多的选择权。

第 16 章/*Chapter Sixteen*

现金流量增减变动的影响

奠定基础

本章将解释如何将净利润调整为经营活动产生的现金流量（这个内容在现金流量表的第一部分）。一段时间内的现金流量几乎总是高于或低于净利润，这主要有三个原因：(1) 折旧（以及当期确认的所有非现金性费用和损失）；(2) 经营性资产的变化；(3) 经营性负债的变化。

1. 折旧 (depreciation) **(以及非现金性费用和损失)：** 销售收入可以补偿企业因完成销售而产生的费用。利润是销售收入超过费用的部分，其中一项费用就是折旧。企业每段时间都会通过减记固定资产的账面价值来确认折旧费用。在记录此项费用时并没有现金流出，因为折旧不是现金流出，所以确定现金流量时该项费用金额是净利润的一个“加回项”。

除折旧以外，企业可能还会确认其他非现金性费用和损失。例如，企业可能会确认摊销费用以记录无形资产的价值损耗。或者，企业可能会确认当期发生的意外损失。这些资产减值都不涉及现金的减少。因此，摊销费用和资产减值损失都要加回到净利润中（就像折旧一样）。

2. 经营性资产（operating assets）：经营性资产（应收账款、存货和待摊费用）的变化影响经营活动产生的现金流量。应收账款的增加意味着本期实际收到的现金要少于销售收入。其他经营性资产的增加会引起现金流出量的增加。相反，应收账款的减少意味着本期实际收到的现金要大于销售收入。其他经营性资产的减少会引起现金流入量的增加，因为实际上企业已经处置了这些经营性资产。

3. 经营性负债（operating liabilities）：年度内经营性负债（应付账款、预提费用和应交所得税）的增加会引起现金流出量的减少。企业以此控制现金流出的速度。也就是说，本年度总费用中有部分尚未支付，就是归因于这些负债的增加。经营性负债的减少有着相反的影响：因为要清偿此类负债，所以企业年度内支付的现金超过同期确认的费用金额。

注意：简单地在净利润中加回折旧（及其他非现金性费用和损失）并不能得到经营活动现金流量的真实值。年度内经营性资产和经营性负债的变化会影响现金流量，而且在某些情况下这种影响会十分显著。

稳定状态下的现金流量

让我们往前一步，看看这个贯穿全书的示例企业下一年的情况。一般来说，企业下一年的销售收入会有保持稳定、上升或是下降三种基本情形。不同的情形对经营活动现金流量有显著不同的影响。

我们从示例企业的稳定状态，或者说从既不上升也不下降的情形开始。这种情形下企业下一年的销售收入及各项费用与本期相同；销售收入和费用都没有变化。表 16—1 显示了稳定状态下企业下一年现金流量表的第一部分。我们不再赘述企业未来一年的利润表（这张报表你已经见过很多次了）。

表 16—1　　稳定状态下经营活动产生的现金流量　　单位：千美元

净利润	$ 2 642
应收账款的变化	0
存货的变化	0
待摊费用的变化	0
折旧费用	785
应付账款的变化	0
预提费用的变化	0
应交所得税的变化	0
经营活动产生的现金流量	$ 3 427

实际上，企业下一年的销售收入及各项费用一定会有所变化，至少会有微小的变化。然而，在这里我们的目的是在解释上升和下降的情形之前先简单地提供一个有用的参考。

在前几章我们提到过，本例中，企业应收账款等于 5 周的年销售收入，其存货等于 13 周的年销售成本，如此等等，这些比例会随着时间而改变。但在表 16—1 所示的稳定状态下，企业下一个年度所有项目都保持不变。其结果就是企业经营性资产和经营性负债的变化为零。决定现金流量的唯一净利润调整项就是加回的折旧。

我们必须承认，即使在稳定状态下，企业也可能延长其平均应收账款回收期，在这种情况下应收账款将增加。这种增加将对净利润产生一个负的现金流量调整项。即使下一年销售收入和各项费用保持不变，但若应收账款平均信用期、存货平均持有期或应付账款平均信用期等相关指标发生改变，企业的经营性资产和经营性负债也可能会改变。

在我们设定的稳定状态下，企业下一年度经营活动现金流量为 3 427 000 美元，等于净利润加上折旧。稳定状态下，经营活动产生的现金流量就像奶牛产奶，各时期它都能提供可靠、稳定的现金流量，且等于折旧（及其他非现金性项目）加上净利润。事实上，“现金牛”一词通常就是用来形容一个处于稳定状态下的企业。

从企业固定资产投资中收回并加入到现金流量中的 785 000 美元（加回的折旧）为更换固定资产提供了资金来源。由于多年来的一般通货膨胀，新的固定资产的取得成本很可能会超过被更换固定资产的初始成本。为了保持稳定的发展，企业在更换固定资产时可能必须使用一些经营活动现金流量。

增长对现金流量的影响

增长是许多企业的核心战略，增长的目的就是增加利润和股东财富。然而，若缺乏有效管理，费用的增长可能会超过销售收入的增长，企业利润反而会减少。在困难时期，企业能够做到的只有维持现状。

表 16—2 列示了本例中的企业下一年度的增长情况。表的左边是本年度利润表，及下一年度销售收入和各项费用的预计变化。企业预计下一年度的销售收入和利润都会出现显著增长。首席执行官想知道这种增长将会给企业下一年度经营活动现金流量带来怎样的影响（我们不去探究企业将如何实现预期增长，我们相信，企业管理者做了切合实际的预测并为下一年度设定了切实可行的目标，当然这可能不完全正确）。

表 16—2 中，企业下一年度销售收入及各项费用的预计变化与对应的经营活动现金流量调整项相联系。参见利润表中预计变动额一列与现金流量表中对应项目之间的连接线。

经营性资产和经营性负债的变化额是在假设企业下一年度经营比率保持不变的前提下得到的。例如，本例中企业下一年度营业成本预计增加 4 225 000 美元，而存货等于 13 周的年营业成本。因此，营业成本的增加导致存货投资额相应增加：

$$\underset{\text{营业成本增加}}{4\,225\,000\text{ 美元}} \times \frac{13}{52} = \underset{\text{存货增加(环比)}}{1\,056\,000\text{ 美元}}$$

以此类推，在表 16—2 中所示的增长情形下，本例中，企业的其他所有经营比率均保持不变。折旧费用不是依据某一经营比率确定的，下一年度的折旧额是根据企业固定资产（包括下一年度新增资产）明细表计算的。因为企业打算购进新的固定资产，所以下一年度折旧费用预计增加 95 000 美元。因此，下一年度加回到净利润的折旧额是 880 000 美元（本期折旧额 785 000 美元＋下期新增折旧额 95 000 美元＝下期折旧额 880 000 美元）。

企业下一年度利润预计增长 395 000 美元（见表 16—2），与上年相比增加了 15%。股东应该对此感到高兴，但如果他们期望企业的现金股利也会增长 15%，可能要失望了。企业本期经营活动产生的现金流量为 3 105 000 美元（见表 14—1）。然而在增长情形下，现金流量并没有随着预计利润的增加而增加。经营活动产生的现金流量只有 2 731 000 美元（见表 16—2）。对此你有何看法？

经营活动现金流量水平较低（与本期相比），是由于下一年应收账款和存货的增加给现金流量带来了相当大的冲击，而应收账款和存货的增加则是为满足销售增长的需要。这些负的现金流量调整项在一定程度上抵消了经营性负债增加所带来的影响。总之，净利润上升而经营活动现金流量却是下降的！

表 16—2 增长情形下的经营活动现金流量 单位：千美元

利润表

	本期实际数	下期预计变动额
营业收入	$52 000	$6 500
营业成本	33 800	4 225
毛利	$18 200	
销售费用及管理费用	12 480	1 560
折旧费用	785	95
息税前利润	$4 935	
利息费用	545	35
税前利润	$4 390	
所得税费用	1 748	190
净利润	$2 642	$395
下期预计增加	$395	
下期预计净利润	$3 037	

下期预计的经营活动现金流量	
预计净利润	$3 037
应收账款增加	(625)
存货增加	(1 056)
待摊费用增加	(120)
折旧费用	880
应付账款增加	415
预提费用增加	185
应交所得税增加	15
经营活动产生的现金流量	$2 731

天下没有免费的午餐，对现金流量而言，则是没有“免费”的增长。增长对于下一年度的利润来说是好的，但是增长总是会削减现金流量。换句话说，增长不会使净利润和现金流量同时等额增加。下一年度与本期相比现金流量很可能会减少——就像本例中的企业一样。

比较表 16—2 和表 16—1，表 16—2 表明在增长情形下，经营活动产生的现金流量为 2 731 000 美元，表 16—1 则给出了企业在稳定状态下经营活动现金流量。在稳定状态下，经营活动产生的现金流量为 3 427 000 美元，比增长情形下高出了 696 000 美元。可以看出，在稳定状态下，利润更低，但现金流量却更高。

我们并不是建议企业为维持较高的现金流量而放弃增长。但我们确实想表明，在短期内企业追求增长必然会承担现金流量的损失。比如在快速增长阶段，许多企业暂停向股东发放现金股利，所有利润都被用于再投资。

如果企业能够提高经营比率，例如保持低水平的库存产品，那么就可以提高经营活动现金流量。然而，在增长期提升经营比率通常十分困难。要说有什么例外的话，那就是企业可能迫于压力而允许其经营比率有轻微下滑。例如，企业为刺激销售，可能会为客户提供更为宽松的信用条件，这将延长应收账款平均信用期。再如，为缩短交货时间及提供更好的备选产品，企业可能会扩大存货的规模及种类。

注意：表 16—2 没有报告企业现金流量的其他来源或是企业下一年度打算如何运用现金流量。换句话说，下一年度现金流量表中投资部分和筹资部分并没有展现（回顾第 15 章中对现金流量的来源与使用所做的解释）。例如，我们没有看到下一年度企业打算在资本性支出上花费多少，也没有看到企业打算向股东分配多少现金股利。

下降对现金流量的影响

俗话说“有升必有降”，这当然也适用于大多数企业。很少有企业能够永远保持增长，大多数高增长企业最后都会减速或转为下降。当然也有一些长期保持显著增长的例子，例如，我们可能最先想到的就是沃尔玛，但即使像麦当劳这样的中坚企业的发展也会经历减缓、趋于平稳或下降的情况。一些行业本身具有周期性，在经营周期内他们的销售收入就像过山车一样上上下下。

表16—3给出了下降的情形。在我们所设定的下降情形下，营业成本与营业收入同比下降，下一年度的折旧费用保持不变，因为企业不会立即处置固定资产。正如你所预料的，经营业绩出现下滑，企业很难通过立即削减费用来应对销售下滑，一个原因是，企业要承担**固定成本**（fixed cost），而当销售量下降时，短期内固定成本并不会减少，企业不得不大规模进行变革以削减这些固定成本。那么，当销售额下降时，企业经营活动产生的现金流量又会怎样呢?

为了说明销售下滑对现金流量的影响，我们假设销售费用及管理费用与销售收入保持同比例下降。但是，再强调一下，大多数企业都要承担固定性的经营费用。当销售额开始下滑时，企业不可能立即削减其固定成本，企业需要一些时间来降低其固定成本。总之，一个企业的费用可能不会像销售额那样快速下降。

在下降情形下，企业净利润预计下降 450 000 美元（见表 16—3）。这是一个坏消息，净利润会下降到 2 192 000 美元，但是经营活动产生的现金流量却会超过 400 万美元！对此，你可能会相当惊讶，甚至觉得这无法理解。那么，让我们来解释一下原因。

在下降情形下，我们假设企业没有改变任何一个经营比率。例如，应收账款与年销售收入的比率仍是 5 周。因为销售收入下降 6 500 000 美元，所以应收账款下降 625 000 美元：

$$\frac{6\,500\,000\text{ 美元}}{\text{销售收入减少}} \times \frac{5}{52} = \frac{625\,000\text{ 美元}}{\text{应收账款减少}}$$

在表 16—3 中，企业各项经营性资产和经营性负债均出现减少——包括应交所得税在内，因为企业预计下一年度应纳税所得额减少。

对大多数项目而言，下降情形（见表 16—3）只是增长情形（见表 16—2）的对立面。例如，在增长情形下，存货增加 1 056 000 美元对净利润来说是负调整项；但是在下降情形下，存货减少 1 056 000 美元对净利润来说则是正调整项。

在下降情形下，企业会获得大量的经营活动现金流量，并要决定如何使用这些资金。企业可以用现金偿还负债（有息负债），或者回购股份。如果企业预计这种下降是永久性的，那么它就不需要大量来自债务和股权的资本，因为较低水平的销售可以依靠较低水平的资产完成，这就意味着企业需要的资金更少。

表 16—3　　下降情形下的经营活动现金流量　　单位：千美元

利润表

	本期实际数	下期预计变动额
营业收入	$52 000	$(6 500)
营业成本	33 800	(4 225)
毛利	$18 200	
销售费用及管理费用	12 480	(1 560)
折旧费用	785	0
息税前利润	$4 935	
利息费用	545	(25)
税前利润	$4 390	
所得税费用	1 748	(240)
净利润	$2 642	$(450)
下一年预计增加	$(450)	
下一年预计净利润	$2 192	

下一年度预计的经营活动现金流量

预计净利润	$2 192
应收账款增加	625
存货的增加	1 056
待摊费用增加	120
折旧费用	785
应付账款增加	(415)
预提费用增加	(175)
应交所得税增加	(45)
经营活动产生的现金流量	$4 143

在遭受严重衰退时，企业面临的最大挑战就是如何实施反击。裁员对每一个人来说都是痛苦的，尤其是裁掉那些伴随企业多年的老员工。裁员意味着管理者弃械投降，放弃了寻找挽救企业的机会。

亏损与现金流量

紧接着我们上一部分讨论的企业业绩下降的情形，我们提出一个令人不愉快的主题倒是恰好合适：当利润表中的净利润为负时现金流量会怎样呢？换句话说，当企业出现**净亏损**（net loss）时现金流量会是什么样呢？

净亏损意味着本年度销售收入不足以弥补各项费用及损失。若企业本年度确认亏损 1 000 万美元，那么本年度的现金也会减少 1 000 万美元吗？不是的，影响现金和影响亏损的因素必然是不同的。要确定现金流量，你应该使用第 14 章中解释的现金流量调整项。此外，很多亏损情况下还要考虑另一个因素。

年度净亏损可能是由于大规模资产减值（或确认大量负债）造成的。例如，企业本期确认商誉发生减值，这意味着管理者已得出结论，即对企业来讲该资产未来价值降低或不再具有价值。资产减值并不涉及现金流出。因此，经营活动产生的现金流量并不会因资产减值而减少。

假设企业本年度没有发生资产减值（或确认负债），但是却报告了大规模的净亏损，那么其经营活动产生的现金流量就很可能是负的。也就是说，即使在加回折旧后，因费用产生的现金流出也会超过销售收入带来的现金流入。这种情况称为负现金流量。

在负现金流量的情况下，企业用尽了所有可用的资金。企业消耗资金的速率称作**资金消耗率**（burn rate），资金消耗率可以用来估计企业在缺乏大规模注资时能存活多久。初创期的企业在最初几年间经营活动产生的现金流量通常是负的。通常它们的资金耗费率很高，虽然它们并不想这样。

结语

财务报告准则不要求企业解释或评论其现金流量策略和问题。即使企业生存岌岌可危，高层管理者可能仍不会提及如何处理其严重的现金流量问题。第 18 章将讲解财务报表比率如何帮助债权人和投资者识别企业流动性和偿债能力方面的问题。

第四部分

分析

第 17 章/*Chapter Seventeen*

财务报表附注

本部共分为三个章节，旨在探讨如何分析企业财务报告信息。本章与下一章都只考虑外部财务报告的信息，即那些在企业之外循环的信息，这些财务信息主要是为企业外部所有者和债权人所设计的，他们是企业两类主要的利益相关者。相对于企业外部财务报告所披露的信息，企业经理层能获得更多信息。第 19 章我们将探讨经理层是如何利用企业内部信息来分析企业经营业绩的。

表 17—1 结合附注概括了企业财务报表的三个主要组成部分。附注是财务报告不可或缺的第四个部分，没有附注的财务报表是不完整的。本章将解释附注的重要性及附注中存在的一些问题。毫无疑问，研究一份财务报告应该将财务报表的附注考虑进来。

表 17—1 **财务报表及其附注** 单位：千美元

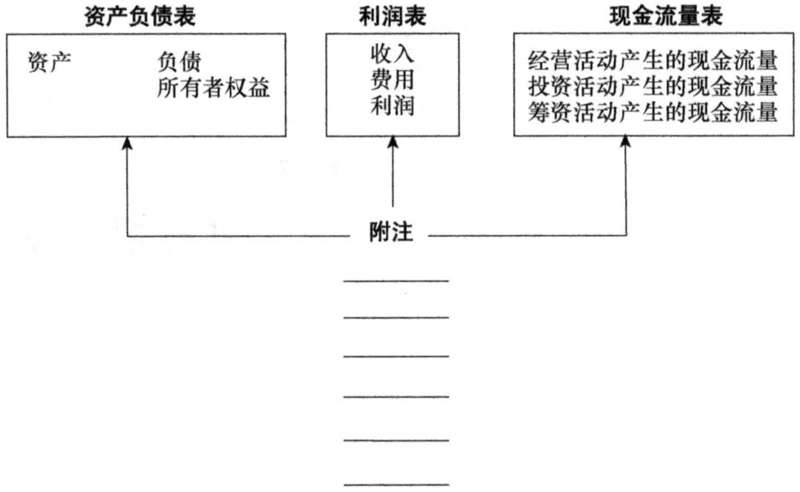

简要回顾财务报表

在讨论附注前，我们来快速回顾一下此前章节介绍过的企业三大财务报表。

1. **资产负债表**：又称为**财务状况表**（statement of financial condition），反映企业各会计期末的资产、负债及所有者权益的状况。在阅读资产负债表时，需要理解不同类型资产的区别（例如存货与固定资产），以及经营性负债（应付账款、预提费用等）与付息债务的区别。此外，还应该理解所有者权益的两种不同来源，即所有者投入的资本与留存收益之间的区别。

2. **利润表**：利润表反映了企业一段期间的销售收入和各项费

用，同时还报告了企业当期的净利润。上市公司必须一并报告它的每股收益（EPS），而非上市公司则不必报告。

3. 现金流量表：经营活动能够给企业带来现金流量，但是正如我们在第 3 章和第 14 章所解释的，经营活动现金流量并不等于净利润。现金流量表将企业现金流分成三个部分：第一部分是将净利润调整为经营活动现金流量；第二部分反映企业投资活动产生的现金流量；第三部分反映企业融资活动产生的现金流量。现金流量表反映了企业的财务战略。例如，可将企业支付的股利与经营活动产生的现金流量（或净利润）进行对比，这是企业主要财务决策之一。

简而言之，三大财务报表反映了每一家企业都面临的三种财务需求——创造利润、保持健康的财务状况和充分利用现金流量。

大部分企业，无论规模大小、是否上市，都需呈报其最近两三个年度的具有可比性的财务报表。这种多年并行的呈报方式使财务报表阅读者能对当年、此前一年以及再之前一年的企业财务状况做出比较。**证券交易委员会**（SEC）作为规范上市公司财务报告活动的联邦政府机构，要求其披露三年可比财务报表。

据不完全统计，全美大约有 5 000 家上市公司。上市公司的财务报告每年必须由独立的会计师事务所进行审计。绝大部分的上市公司由最大的四家国际性会计师事务所（称为“四大”）进行审计。美国也有数百万家非上市公司，这些企业可以选择是否让独立的会计师事务所对它们的财务报告进行审计。一般来说，法律并不强制要求它们进行审计。我们将在第 21 章讨论财务报告的审计问题。

为什么需要附注？

缺少附注的财务报表将变得不完整，且可能具有误导性。附注对于企业主要的三张财务报表而言是必不可少的扩展。在一份财务报告中，每一张财务报表仅以一页或者至多两页的篇幅呈现出来。要知道每一张财务报表都是非常简明扼要的，呈报的是高度浓缩的信息。

可以归结为这样：财务报表所提供的信息远远不能满足企业债权人和投资者的需要。假设你能将额外的信息融合到每一份财务报表里，但是你能想象阅读一份长达 5 页、10 页甚至 20 页的资产负债表或利润表吗？因此，实际的解决方法是将这些额外的信息以一种对财务报表进行补充附注的形式呈现出来。如果你是某企业的利益相关者，你毫无疑问应该阅读它的财务报表附注。

财务报告的首要前提是充分披露，这样才能保证企业所有利益相关者获取所需的相关信息，在此基础上做出合理决策并保护他们在企业中的利益。所以说需要附注就是因为以附注形式提供的额外信息对于财务报表阅读者是重要的。

高层管理者对企业的财务报表及其附注负有责任。附注是一份财务报告必须的、不可分割的一部分。每页财务报表底部都会声明这一事实，通常是以如下文字进行表述：

财务报表附注是其不可分割的一部分。

注册会计师出具的审计报告不仅应包括财务报表也应包括报表附注。

理论上，附注应具备可理解性，尽可能地使用清晰易懂的语言、布局和图表。换言之，财务报告应当是明晰的。缺乏明晰性的财务报告会招致许多批评，特别是那些连律师都感到晦涩难懂的附注。本章稍后会详细介绍这部分内容。

两种附注类型

第一种附注类型用来明确企业所采用的关键会计方法。我们将在第 20 章讨论到，确认一些费用项目甚至是收入项目时，企业可在两种（或者更多）的公认会计方法中进行选择。企业选取的会计方法应当清晰地标示在附注里。

以下是一个关于会计方法附注的例子，你能在企业财务报告中找到这类附注（至少能在上市公司财务报告中找到）。卡特彼勒公司（Caterpillar）向证券交易委员会提交的 2012 年财务报告中，解释会计方法的附注条款如下（第 A11～A18 页）：

- 业务性质（机械、动力系统及金融产品）
- 呈报基础（合并方法）
- 销售与收入确认（明细表）

- 存货（使用后进先出法，及如果使用先进先出法的效果）
- 折旧与摊销
- 外汇换算
- 金融衍生工具
- 所得税
- 财务报表的估计项目
- 生效的新会计指引（标准）
- 商誉
- 累计其他综合收益
- 待售资产

该公司财务报告中，附注所占的篇幅要大于财务报表的篇幅，这种现象很常见。

注意事项：附注假定你已经熟悉一般的会计术语。特殊行业的个别公司，可能会在其财务报告附注中解释其特殊术语。不过，总的来说，企业的财务报告并不会为了帮助其阅读者而提供会计术语表。

卡特彼勒公司的一项附注解释了它合并各类合法经营实体的方法，这些合法经营实体组成了所谓的卡特彼勒联合集团。大多数大企业都是企业集团，其中包括一家控股母公司及一系列相互关联的子公司，卡特彼勒公司亦是如此。集团的合并财务报表由集团内各个子公司的个别财务报表合并而成，子公司之间的交易相互抵消。企业对外投资但没有控股利益时，该附属企业不纳入合并范围。

除了被用于确认会计方法的附注类型之外，还有一种附注类型是用来提供一些不能放入财务报表里的重要信息，比如到期日、利率、担保物或其他担保条款，以及长期负债的其他详细信息。长期经营性租赁所需的年租金额也呈报在附注里。附注中也包括股票期权及基于股票的薪酬激励机制的具体细节，以及每股收益的稀释效应。

附注中也应涵盖企业的主要诉讼和其他法律行动。员工退休养老计划的详细信息也在附注中披露，针对已退休员工的健康与医疗费用的支付义务也呈报在附注里。

附注项目的备选清单很长，企业在编制年报时，需要全力识别出必须披露的内容。这不是一件容易的工作，尤其是企业必须在一个相对小的篇幅里解释这些相当复杂的内容。

编写附注时的管理决策

企业经理必须依靠专业人士——首席财务官（CFO）、法律顾问及外部注册会计师（CPA）——来检查需要呈报的附注项目。所以每项附注一经确认，还必须做出与其相关的关键决策。所以，每一项附注披露多少细节、有多直接，企业很大程度上要酌情处理。

显然，企业经营者不可能透露那些可能损害企业竞争优势的信息，因为经营者不会帮助他们的竞争者。但经营者应树立为企业债权人和股东服务的理念——因为他们享有知情权。

然而，债权人和股东究竟需要多少信息？他们享有多少合法权利？这些问题很难直截了当、清楚明白地回答。除了某些基本事实外，附注中究竟应包含哪些内容才能达到充分披露的标准，有待进一步明确。

披露的信息过少，例如封锁企业的重大诉讼信息，可能使财务报告具有误导性，并且高级管理层可能因此承担法律责任。因为附注披露的规则和指引在某些方面是模糊不清的，所以注册会计师除应坚持“法律最低限度”外，应披露更多的信息。

事实上，企业管理层有相当大的自主空间来选择附注的直接程度及如何表达附注里的项目。很明显，附注与新闻报纸里的文章不同。如果企业的广告宣传稿写得像它的附注一样，那么企业也卖不出多少产品。

问题分析

或许我们对于财务报表附注持有偏见。请恕我在此长篇大论，我们看到的关于财务报告附注的可读性有着非常严重的问题。这并不是我们过于敏感，因为连投资者和证券分析师都抱怨附注里迷雾重重。附注编写得如此晦涩以至于你不得不怀疑企业是故意为之。相关准则要求财报编写附注，但却没能要求附注做到清晰明了，易于理解。

附注的表达方式往往刻意教条且笨拙别扭。附注里充满专业术语，涉及法律诉讼及使企业遭受重大损失的风险等敏感问题时往往更加隐晦，很多附注都明显地缺乏坦诚。

债权人及投资者不要寄希望于管理者在附注中自曝家丑，或坦白所有错误的决定。但是，更清晰、更坦诚的附注必定更有利于企业，而不是给企业带来损害。

总之，债权人及投资者往往因编写拙劣的附注而陷入困境。你只有一种选择，就是攻克附注的难关。通常你可以分辨特定的附注是否重要，是否值得这样额外的努力。除此之外，对于阅读附注我们只能说“祝你好运”。

第 18 章/*Chapter Eighteen*

财务报表比率

财务报告的基本原则

编制外部财务报告的主要目的是为企业投资者及贷款人提供企业最新的财务信息。投资者和贷款人为企业提供资本，他们有权利并且需要了解企业的财务信息。其他利益相关者——如企业员工和其他债权人，对企业的财务活动也表现出同样的兴趣。在阅读财务报告时，他们应该记住，财务报表是直接提供给企业投资者和贷款人的。外部财务报告准则正是基于这些最重要的利益相关者的需求变化而不断发展完善的。

据估计，美国大约有 5 000 家上市公司，这些公司的股票和其他证券在公开市场上进行交易。联邦法律负责管理这些公司的财务信息披露，并且主要由证券交易委员会（SEC）负责执行相关法律要求。纽约股票交易所（New York Stock Exchange）、纳斯达克（Nasdaq）和网络证券交易市场（Internet securities markets）对于在其市场进行证券交易的企业财务信息进行披露，同时执行相关法律和规章的要求。

约有 12 000 家外国企业的证券在世界各地的证券市场上进行交易。包括美国在内的许多国家，一直在尝试建立一套国际财务报告会计准则，但其进展并不如人们期待的那样顺利。事实上，截至 2013 年，证券交易委员会并未正式认可这套国际准则，也未要求美国的企业采用这套国际准则。

在美国和其他一些国家，一个企业不得选择性地向某些股东或者债权人披露财务信息，也不得在未通知其他股东和债权人的情况下预先向某些人披露其财务信息。财务报告相关法律和现行准则赋予所有股东和债权人平等的机会和渠道去了解企业的财务信息，阅读企业的财务报告。

企业的财务报告也许并不能提供其经营业绩的第一手信息。在美国，大多数上市公司会就其最近的收入成果发布新闻稿，在向股东和债权人提供财务报告之前，企业会预先发布其新闻稿。大多数上市公司在发布新闻稿的同时或不久后就会在其网站上发布他们的财务报告。非上市公司通常不会在公布财务报告之前向股东及债权人发送邮件，也不会在公开访问的网站上公布其财务报告。

本章讨论了企业公布财务报告之后，股东及债权人会如何使用财务报告。本章的重点是年度财务报告（季度财务报告是年报的缩略版）。本章重点关注投资者和债权人广泛使用的某些**财务报表比率**（financial statement ratios）。

财务报表概述

表 18—1 展现了企业的年度财务报表。本章继续以前文中的企业为例，但并没有包括财务报表的附注（第 17 章讨论了财务报表的附注）。

本例中的企业是非上市公司，即股票未在公开市场上进行交易。本企业有约 50 个股东，其中一些是企业管理者，包括首席执行官、总裁和几个副总裁。这样规模的企业可以通过**首次公开募股**（IPO）在公开市场上筹集权益资本，成为上市公司。然而，这家企业决定继续保持私有不上市。

本章并不涉及**证券分析**（trend analysis）（分析企业发行的股权和债权工具）。证券分析包括的内容非常广泛：企业竞争优势和劣势，国内市场和国际市场的发展，企业合并的可能性，总体经济状况，等等。本章所涉及的关键比率构成了证券分析的基础。

此外，本章并不讨论趋势分析，趋势分析包括对比企业最近和以前年度财务报表以发现年度之间重要的变化。比如，投资者和债权人都非常感兴趣的企业销售的增长或者下降，及其对经营业绩、现金流量、财务状况产生的影响（第 16 章讨论了现金流量增长或下降的影响）。

本章有一个更适度的目标——介绍财务报表分析中使用的基本比率。虽然本章只讨论了一小部分比率，但这些比率都有基础性的重要作用。

大多数投资者打开企业财务报告后，最先做的事情就是大致浏览财务报告，快速浏览企业的财务报表。大多数财务报告的阅读者最先看什么？根据我们的经验，他们最先看的是利润表的最后一行，以了解企业本年度是盈利还是亏损。

正如某位体育界名人在解释他如何管理各种商业投资时所说的，他最先关注的是企业利润表的最后一行是否“出现括号”。本例中的企业没有括号，该企业实现了盈利。利润表报告企业当年实现净利润 2 642 000 美元。这种盈利表现究竟是好，是普通，还是不好？财务报表比率帮助我们回答这一问题。

看过利润表后，大部分财务报表阅读者可能会快速浏览企业资产情况，并与负债规模进行对比。资产是否与负债相匹配？财务比率将帮助回答这一问题。

表 18—1　　企业外部财务报表（不包括附注）

除每股收益单位为美元外，其余单位为千美元

年度利润表	
营业收入	$ 52 000
营业成本	33 800
毛利	$ 18 200
销售费用及管理费用	12 480
折旧费用	785
息税前利润	$ 4 935

利息费用		545
税前利润		$ 4 390
所得税费用		1 748
净利润		$ 2 642
基本每股收益		$ 3.30

年度所有者权益变动表

	股本	留存收益
期初余额	$ 7 950	$ 13 108
本年净利润		2 642
本年发行股票	$ 175	
本年支付股利		$ (750)
期末余额	$ 8 125	$ 15 000

年度资产负债表

资产

现金		$ 3 265
应收账款		5 000
存货		8 450
待摊费用		960
流动资产合计		$ 17 675
固定资产	$ 16 500	
累计折旧	(4 250)	12 250
无形资产		5 575
资产总计		$ 35 500

负债及所有者权益

应付账款		$ 3 320
预提费用		1 515
应交所得税		165
短期应付票据		3 125
流动负债合计		$ 8 125
长期应付票据		4 250
负债合计		$ 12 375
股本(800 000 股)	$ 8 125	
留存收益	15 000	
所有者权益合计		$ 23 125

负债及所有者权益合计	$ 35 500
年度现金流量表	
净利润	$ 2 642
应收账款增加	(320)
存货增加	(935)
待摊费用增加	(275)
折旧费用	785
应付账款增加	645
预提费用增加	480
应交所得税增加	83
经营活动产生的现金流量	$ 3 105
购置固定资产	$ (3 050)
购置无形资产	(575)
投资活动产生的现金流量	(3 625)
短期应付票据增加	$ 125
长期应付票据增加	500
发行 7 000 股股票	175
分配现金股利	(750)
筹资活动产生的现金流量	50
现金净增加（减少）额	$ (470)
期初现金余额	3 735
期末现金余额	3 265

非经常性损益

本例中的企业本年度并没有报告**非经常性损益**（extraordinary gains or losses），即一次性、偶发性事件。比如，企业出售固定资产并确认收益，或者企业将员工遣散费确认为重组费用。这些偶发的、特殊的利得和损失不计入企业持续的、反复发生的经营收支中，而是单独列报。这一话题十分烦琐复杂。

需要注意的是：非经常性损益使企业经营业绩的评估和预测变得更加复杂！非经常性损益，特别是非经常性损失，引发了一些棘手的问题，比如：

- 非经常性损失真的是以前年度会计错误的更正吗？
- 如果一个企业经常（而非偶尔）报告非经常性损益，这意味着什么？
- 在未来，同样的非经常性损益会再次列报吗？如果会，何时列报？金额多少？

可以说，解释和评估非经常性损益是一件非常棘手的事情。

没有现金流量比率，但是……

表 18—1 中包括了企业的现金流量表。现金流量表属于企业外部财务报告，是企业三大财务报表之一。但是，本书中的比率几乎不包括现金流量表，这也许会使你感到惊讶。

本章所讨论的基准比率都不涉及现金流量表——因为目前还没有明确提出或广泛使用现金流量比率。尽管如此，无论是在企业财务报告中还是在股票经纪人及投资顾问出具的企业报告中，现金流量都占有很大分量。经营活动产生的现金流量对所有企业来说都是至关重要的。

本例中的企业本期经营活动产生了 3 105 000 美元净现金流量。你可以将这一重要的现金流量数据与企业 3 625 000 美元的资本性支出做比较（见表 18—1）。在现金流量表中，企业当期筹资活动产生的现金流量仅为 50 000 美元，因此，企业本年的现金余额减少了

470 000 美元，这些数据比较都没有涉及比率。但是财务报告的使用者可以发现，这种比较有助于理解企业的现金流量政策。以这种方式阅读企业的现金流量表，有助于理解企业从何处筹集资金以及如何使用所筹资金。

我们可以用经营活动现金流量 3 105 000 美元除以净利润 2 642 000 美元，得到经营现金流量占净利润的比重为 188%。这是一个有趣的比率，但它并非财务报表分析所用的基准比率（至少现在还不是）。

我们也可以用经营活动产生的现金流量除以股本总数，得到每股现金流量。美国权威的财务报告准则的创立者，财务会计准则委员会（FASB）特别反对该比率，这种情况很少见，财务会计准则委员会极少会这样反对某个比率。

新的财务报表

表 18—1 引入了一张新的财务报表——**年度所有者权益变动表**（statement of changes in stockholders' equity for year）——这是我们在前面章节没有介绍的。从某种意义上说，所有者权益变动表并不是一张真正的财务报表——它是用来概括所有者权益类账户变动情况的附表。企业当期增发股份 7 000 股，股东权益变动表和现金流量表都列报了增资带来的 175 000 美元的现金流入（见表 18—1）。本年实现的净利润使留存收益有所增加，向股东分配的现金股利使留存收益减少。

当企业发行两种或两种以上股票，或持有自己的股票（即库存股）时，所有者权益变动表就变得特别重要。所有者权益变动表同时列示了直接计入所有者权益的利得和损失，我们将这些特殊的利得和损失记入特定的股东权益账户，这一账户称为累计其他综合收益。

综合收益一词意味着，除了将利润表中的净利润转入留存收益账户外，未在利润表中列报的额外的利得和损失都应在此予以确认。累计其他综合收益的账户功能类似于留存收益，反映包括某些类型的利得和损失在内的合计金额。探究这些特殊的利得和损失并非本书的研究范畴。

需要注意：所有者权益变动表是相当复杂且具有高度专业性的。在接下来的讨论中，我们仅关注那些广泛使用的由三大财务报表（资产负债表、利润表、现金流量表）的数据计算得出的比率。

基准财务比率

股票分析师、投资经理、个人投资者、投资银行家、经济学家和其他许多人士都很关注企业的基本财务活动。财务比率是帮助他们分析企业财务状况和经营业绩的重要工具。本书只提到过两个财务报表比率，即第 5 章的**应收账款周转率**（accounts receivable turnover ratio）和第 6 章的**存货周转率**（inventory turnover ratio）。就此你也许会期待我们开始盈利能力分析，但我们得先从偿债能力开始。

偿债能力（solvency）指的是企业偿还到期负债的能力。如果企业缺乏偿债能力，无力及时偿还债务，那么它能否持续经营就成了未知数。在某种程度上说，偿债能力是盈利能力的基础。盈利能力来源于企业正常经营、避免停产、及时偿债的能力。简言之，盈利以偿债为基础。对每个企业来说，维持偿债能力（即偿还债务的能力）至关重要。如果企业拖欠债务，就很可能陷入法律诉讼的泥沼而中断运营，或者至少也会对其正常的生产运营造成影响。

在决定是否向企业提供贷款或者继续贷款时，银行家和其他贷款人直接关注的就是这些关键的财务报表比率，以帮助他们来评估企业的偿债能力和发展前景。这些比率帮助他们了解企业的财务状况，评估其借款信誉，判断企业是否具备及时全额还本付息的能力。

注意：后续内容中，除每股收益（EPS）外，涉及的财务报表数据都以千美元为单位。我们之后所用相关数据均来自于表 18—1，以后不再赘述。

流动比率

流动比率（current ratio）反映企业的短期偿债能力，该比率等于流动资产总额除以流动负债总额。本例中企业的流动比率计算如下：

$$流动比率=\frac{流动资产\ 17\ 675\ 美元}{流动负债\ 8\ 125\ 美元}=2.18$$

流动比率几乎不用百分数来表示（若表示则以上结果为218%）。我们认为该企业的流动比率在 2.18～1.00 之间，或者更简单地认为就是 2.18。

一般认为，企业的流动比率至少应该等于 2。许多企业发现债权人希望企业流动比率越大越好。换言之，短期债权人通常希望企业将流动负债控制在流动资产的一半以内甚至更少。

为什么短期债权人对企业做出这种限制？主要是为了保障企业能够清偿短期负债。流动比率等于 2 说明企业未来有 2 美元的现金和可变现的资产可以用来偿还几乎同时到期的 1 美元的流动负债。每 1 美元的短期负债都有 2 美元的现金或者近期现金流入作为保障，额外的流动资产能够保障债权人的资金安全。

即使企业的流动比率小于 2，甚至低到 1，该企业仍可能按时偿还负债。本例中，企业借入 3 125 000 美元的短期应付票据，占流动资产合计数的 18%。短期债权人可能不愿意借出更多的资金——虽然企业可能劝说债权人借出 400 万美元或者 500 万美元。

综上所述，短期债权人往往要求企业的流动资产达到流动负债的 2 倍。毕竟，债权人并非企业所有者——他们无法分享企业的盈利。债权人放贷取得的收益仅限于他们索要（和征收）的利息。对于债权人来说，减小他们的贷款风险是相当正确的做法，对于有限收入（固定收入）的投资者来说，他们不愿意为有限的收入而承担过多风险。

酸性测试比率（速动比率）

企业存货的变现能力较差，产成品通常需要 2～4 个月的时间才能售出。企业间业务往来通常采用赊销形式，这一做法进一步延长了企业收回账款所需的时间。简言之，与应收账款相比，存货的流动性更差，变现时间更长。此外，企业并不能确保存货全部售出。

评估企业短期偿债能力的更精确的工具是**酸性测试比率**（acid test ratio），这一比率没有考虑存货（及待摊费用）。酸性测试比率只将货币资金、短期有价证券（如果有）和应收账款视为企业偿还流动负债的资金来源。

酸性测试比率又称为**速动比率**（quick ratio），因为它只考虑利用货币资金及变现能力较强的资产来偿还流动负债。偿债能力比率本质上更关注企业拥有多少可以清偿短期负债的现金和类现金资产。

本例中企业的酸性测试比率计算如下（该企业没有投资有价证券）：

$$\text{酸性测试比率}=\frac{\text{货币资金 3 265 美元}+\text{应收账款 5 000 美元}}{\text{流动负债 8 125 美元}}=1.02$$

虽然有很多例外，但通常认为，酸性测试比率至少应该等于 1。

产权比率

一般认为，适度负债对企业是有利的，但负债过多就很危险了。**产权比率**（debt to equity ratio）用来反映企业是慎重地使用债务资本，还是可能引发问题的过度使用。本例中企业的产权比率为：

$$产权比率=\frac{负债总额\ 12\,375\ 美元}{所有者权益总额\ 23\,125\ 美元}=0.54$$

由产权比率可知，该企业 1 美元的股东权益对应 0.54 美元的负债。这一比率考虑了企业全部负债（无息和有息，短期和长期）及全部所有者权益（股本和留存收益）。

产权比率等于 0.54 表示该企业的杠杆适中。**杠杆**（leverage）是指利用企业股权资本筹集非所有者提供的额外资本，换言之，该企业使用的 1.54 美元总资本中包括了 1 美元的股权资本，企业每 1 美元的股权资本对应的可供使用总资金为 1.54 美元。

大多数企业产权比率小于 1。这些企业不希望负债过多，或者无法说服债权人借出多于企业资产 1/2 的款项。但是，诸如公用事业企业和金融机构等资本密集型企业的产权比率要远高于 1，换言之，这些企业的杠杆相当高。

利息保障倍数

为了偿还债务利息，企业需要有充足的息税前利润（EBIT）。

利息保障倍数（times interest earned ratio）就是用来检验企业利用收益偿付债务利息的能力。利息保障倍数等于息税前利润除以利息费用：

$$利息保障倍数=\frac{息税前利润\ 4\ 935\ 美元}{利息费用\ 545\ 美元}=9.1$$

显然利息保障倍数应该大于 1，但是该比率并没有统一的标准或通用的原则。本例中的企业，息税前利润是年利息支出的 9 倍多，这使债权人感到安心。如果企业无法偿付每年的利息支出，那么债权人就会感到不安（企业的管理层和股东也应该同样感到不安）。

销售利润率

企业盈利之道在于控制费用及扩大销售。**销售利润率**（return on sales ratio）等于净利润除以营业收入，它反映了企业净利润占销售收入的比重。本例中的企业，销售利润率计算如下：

$$销售利润率=\frac{净利润\ 2\ 642\ 美元}{营业收入\ 52\ 000\ 美元}=5.1\%$$

销售利润率还有另一种解释方法。企业每 100 美元的销售收入能够提供 5.10 美元的净利润——扣除 94.90 美元的费用。不同行业的销售利润率存在显著不同。有的企业销售利润率只需达到 2%就是很好的，而其他一些企业则需要高于 10%，才能证明它们合理利用了投放于资产中的大量资本。

净资产收益率（ROE）

企业是否能够盈利？是否能够长期持续盈利？企业所有者承担着相关的风险。你会为企业持续亏损付出多少代价？所有者的投资价值主要取决于企业过去及未来的经营业绩——或者并不是仅仅取决于经营业绩，而是取决于经营业绩与所投入资本之比。

比如，假设某企业实现净利润 100 000 美元。如果该企业股东权益是 250 000 美元，那么利润与股东投入资本之比就是 40%，这一结果相当不错。但是，如果股东权益是 2 500 000 美元，则净利润只相当于股东权益的 4%，相对于股东所投入的资本，这一结果比较糟糕。

简言之，净利润需要与所投入的资本总额进行对比。我们通常把一段时期的净利润与投入资本总额之比称为**投资回报率**（return on investment，ROI）。投资回报率是一个广义的概念，它几乎可以应用于所有类型的投入资本。

资产负债表中的所有者权益总计反映了所有者对企业的投资总额。企业当期实现的净利润归属于股东——当然，也许并不是全部净利润。企业可能发行了**优先股**（preferred stock），这种股票需要每年支付固定数额的股息，优先股持有者对于企业净利润享有第一索取权，因此，需要从净利润中扣除优先股股息，得到归属于普通股股东的净利润。本例中的企业只发行了一种类型的股票，没有发行优先股，所以净利润全部归属于普通股股东。

净资产收益率（return on equity，ROE）等于净利润除以所有者权益。计算如下：

$$净资产收益率=\frac{净利润\ 2\,642\ 美元}{所有者权益\ 23\,125\ 美元}=11.4\%$$

注意：为简化计算，我们使用所有者权益的期末余额。另外也可使用股东权益平均值，如果该年度企业股东权益有显著变化，则必须使用平均值来计算。

按照惯例，该企业 11.4%的净资产收益率可以接受但并不理想。但是，所有事都是相对的。一个企业的净资产收益率需要与行业平均水平和替代性投资选择进行比较。此外，风险因素非常重要：企业股东的投入资本究竟承担了多少风险？

关于 11.4%的净资产收益率是好的、普通的还是糟糕的，在下最终结论前，我们需要了解企业的经营历史与发展前景。而且，我们需要考虑资本的机会成本——如果将资本进行次优投资所获得的投资回报率。另外，我们没有考虑向股东分派股利时产生的个人所得税。总之，评判净资产收益率并非一件简单的事！

总资产报酬率（ROA）

这是另一个有用的盈利能力比率：

$$总资产报酬率=\frac{息税前利润\ 4\,935\ 美元}{总资产\ 35\,500\ 美元}=13.9\%$$

总资产报酬率（return on assets，ROA）揭示了企业在扣除利息和所得税费用之前，每 100 美元的资产创造了 13.90 美元的收益。总资产报酬率需要与企业借款利率作比较。本例中，企业借款平均年利率为 7.5%。由总资产报酬率可知，企业利用借款实现了 13.9%的收益，两者之差为 6.4%，这是利好空间，它提高了股东的息后收益，因此增加的利润称为**财务杠杆利得**（financial leverage gain）。相反，如果企业的总资产报酬率低于利率，则该企业将遭受财务杠杆损失。

每股收益（EPS）

与本章之前所讨论的比率不同，上市公司的利润表中已经列示了**每股收益**（earnings per share，EPS）。你不需要计算这一数值，但鉴于这一比率的重要性，你需要了解它的计算过程。非上市公司不列报每股收益，但是，作为非上市公司的股东，你会发现计算每股收益是有帮助的。

美国国内约有 5 000 家上市公司，它们的股票在纽约证券交易所、纳斯达克及电子证券交易机构等公开市场上进行交易。这些股票每天甚至每分钟的价格波动都受到极大的关注。股票的市场价值主要取决于企业过去和未来的盈利情况。

假设我们告诉你一只股票的市场价格是 60 美元，并且问你这个价格是偏高、偏低还是比较合理。你可以将这一市场价格与资产负债表中列报的每股股东权益——即**每股账面价值**（book velue per share）进行对比，本例中的企业每股账面价值是 29 美元（股东权益等于总资产减去总负债）。在证券分析中，账面价值法由来已久，但是如今，以盈余为基础的方法却比账面价值法得到了更广泛的使用。这一方法的出发点是计算每股收益（每股净利润）。

每股收益（EPS）是投资分析中使用最广泛的比例之一。本例中企业每股收益的计算过程如下：

$$基本每股收益=\frac{归属于普通股股东的净利润\ 2\,642\,000\ 美元}{流通在外的普通股股数\ 800\,000}$$

$$=3.30\ 美元$$

注意：为了结果的准确性，需要根据每月（或每天）流通在外的实际股票数量计算当期流通在外普通股股数的加权平均值。

首先，需要注意的是每股收益的分子是归属于普通股股东的净利润，等于净利润减去向企业优先股股东派发的股息。许多企业都发行了需要每年支付固定股息的优先股。从净利润中扣除必须每年支付的优先股股息，可以得到归属于普通股股东的净利润。

其次，本例中计算的是企业基本每股收益，“基本”一词是指在每股收益的计算中，分母表示的股东实际持有的普通股股数。许多企业签订了一种或多种合约，按合约要求，企业需要在未来某个时点以低于当时市值的价格发行额外的股票。虽然这些合约所约定的股票至今还未发行，但是可能在今后发行。

比如，企业奖励管理者**股票期权**（stock options），持有期权的管理者可以以固定价格（通常等于股票当前市价或者现值）购买企业发行的普通股。如果未来股票市价超过了固定的认股价格，管理者可以行使认股权，以相对便宜的价格购入股票。因此，由于认股权的存在，企业的股票数量可能增加。（如果）企业发行了额外的股票，净利润不变，股数增加，则每股收益会下降，因为每股收益的分母变大，每股收益会被稀释。

基本每股收益没有考虑行使认股权时增发的股票。而且，基本每股收益也没有考虑企业已经发行的可转换证券和可转换优先股的潜在稀释影响。可转换证券的持有人可以按预先决定的价格将这些证券转换为普通股。

为了提醒投资者注意股票期权和可转换证券的潜在影响，上市公司列报了每股收益的另一个形式，即稀释每股收益。由于股票期权计划，可转换证券和需要在未来以预定价格增发股票的合约的存在，企业可能需要增发普通股，这种较低的每股收益正是考虑到增发普通股所带来的潜在的稀释影响。

上市公司必须在利润表中列报基本每股收益和稀释每股收益，每股收益的重要性不言而喻。相反，虽然许多上市公司列报了其他比率，但是在本章所讨论的比率中，除了基本每股收益和稀释每股收益，其他比率都没有要求必须报告。比如，卡特彼勒公司在向美国证券交易委员会（SEC）提交的文件中提到的利息保障倍数。

市盈率（P/E）

市盈率（price/earnings ratio，P/E）是上市企业股票市场价格与每股收益之比，计算公式如下：

$$\frac{\text{每股现行市价}}{\text{每股收益}}=\text{市盈率}$$

假设某上市公司的股票成交价为每股 40 美元，最近一期（过去 12 个月）的基本每股收益是 2 美元，该企业没有列报稀释每股收益，因此，市盈率是 20。就像本章之前所讨论的比率一样，市盈率需要与行业平均水平和市场平均水平相比较，以判断这一比率是可以接受、过高还是过低。通常认为市盈率等于 8 是比较合理的，市盈率在 15～18 之间是可以接受的，不需要过于担心。

现在，上市公司在计算市盈率时出现了一个问题：是用基本每股收益还是稀释每股收益？如果该企业只列报了基本每股收益，就不存在这一问题。但是如果两者都列报了，该用哪一个呢？好吧，其实两个比率都可行。我们的建议是参考《华尔街日报》和《纽约时报》，看这些报纸报告市盈率时用的是哪一个指标。二者相比，使用稀释每股收益更保守，它提高了市盈率。

非上市公司股票的市场价格大部分不对外公开。但是，这些企业的股东们有兴趣了解其持有股票的价值。为了评估股票价值，可以使用市盈率倍数。本例中，企业最近一期的每股收益是 3.30 美元

（见表 18—1）。假设你持有该企业的股票，并且有人提出购买你手中的股票，你可以提出一个报价，假设为每股收益的 12 倍，即每股 39.60 美元。潜在的买家也许不愿意接受这一价格，又或许他们愿意支付高达每股收益的 15 倍或 18 倍的价格。

市场总值

假设某上市公司的股票现行市价为每股 65 美元，流通在外的股票数量是 1 000 万股，则该企业的**市场总值**（market cap）或市场资本总值是 65 000 万美元（65 美元每股×1 000 万股＝65 000 万美元）。我们确信，如果将大多数企业的市场总值与最近一期资产负债表中列报的股东权益总额相比，市场总值会更高，而且也许高得多。

股东权益的账面价值（资产负债表价值）是一种历史成本，它包括企业所有者投入资本的总额及累积的留存收益。这些账面数额随着时间发展越来越过时。相反，市场总值以股票的现行市价为基础。如果一个企业陷入财务困境，其市场总值可能会低于所有者权益账面价值——至少暂时会这样。企业的现金余额高于市场总值的情况极为罕见。

小结

我们可以根据财务报表计算出许多其他的比率。比如，证券分析中经常使用的**总资产周转率**（asset turnover ratio）（年销售收入与总资产之比）和**股息收益率**（dividend yield）（每股现金股利与现行市价之比）。以财务报表为基础计算得出的比率非常多。

利用这些比率的技巧就是关注那些解释力最强的比率。你很难判断哪个比率最重要。在我们看来，专业的投资人使用的比率似乎太多而并非太少。而且，你永远不知道哪个比率能够提供股票未来市价走向的有利线索。

第 19 章/*Chapter Nineteen*

适合企业管理者的利润分析

前面的章节着重介绍企业外部财务报表。但是企业会计涉及的内容不仅仅是编制外部财务报表，尽管这的确是会计最重要的职能之一。

设计实施会计制度、遵从税法、编制外部财务报告是每一个企业的三项基本会计职能。此外，企业会计人员还有另一项非常重要的职能——为管理者的决策、计划和控制提供信息。这是会计的第四项职能，称作**管理会计**（management accounting）[①]。

管理会计

管理会计是一种内部职能，能够帮助企业管理者做出正确决策、制定计划和预算以及实施控制。总之，管理会计的目的就是帮助管

① 原文用 management accounting 或 managerial accounting。——译者注

理者成为一个好的管理者。管理会计能够为管理者提供决策需要的信息，并且帮助他们以有效的方式来应用这些信息。

提供给管理者的内部会计报告要依据企业性质及组织结构来设计。例如，某企业划分为若干销售区域，那么，每个销售区域都需要提供会计报告。每一销售区域可能分为若干生产线，那么，每一区域会计报告又需按生产线进一步划分。总之，管理会计应服从企业的组织结构，为每一位管理者提供有用的信息。

外部财务报表是为企业外部不参与管理的投资者及债权人设计的。企业外部财务报告不包含管理者所需要的全部财务信息。尽管管理者并非会计人员，但他们需要熟知企业的外部财务报表，同时，他们也需要额外的会计报告为他们提供更具体的信息，而这些信息大多数是机密的、不向外发布的。

我们可以写一本关于管理控制及管理者实施有效控制所需的具体信息的手册，在其中可以讨论如何在企业的利润中心和成本中心间分配销售收入和费用。利润中心是独立的、可辨认的销售收入来源，存在与收入配比的费用。比如，对于汽车零售商而言，可将新车的销售部门作为一个利润中心，将二手车的销售部门作为另一个利润中心，将售后服务部门作为第三个利润中心。成本中心是指不产生销售收入的组织单元，如会计部门、建筑维修部门等。

在开始后续内容之前，我们需要指出，本章没有对管理会计领域展开全面详尽的介绍——管理会计的内容远不止于此。例如，本章并没有讨论预算、标准成本、管理控制报告、成本分配方法等话题。本章的目标是介绍如何将费用分类，从而为制定决策提供更有用的信息。我们相信，企业管理者能够发现本章的内容是十分有帮助的。

利润表之外

参见表 19—1。表 19—1 与表 2—2 中展示的利润表完全相同。为便于参考，我们沿用前文的企业例子。

表 19—1 展示了外部利润表的典型格式。如你所见，该利润表报告了高度浓缩的、概括性的信息。正如前文所述，该利润表是为企业外部投资者和债权人设计的，它并不适合企业内部的管理者。

表 19—1 **年度外部利润表** 单位：千美元

营业收入	$ 52 000
营业成本	(33 800)
毛利	$ 18 200
销售费用及管理费用	(12 480)
折旧费用	(785)
息税前利润	$ 4 935
利息费用	(545)
税前利润	$ 4 390
所得税费用	(1 748)
净利润	$ 2 642

你脑海中出现的第一个想法可能是，除了外部利润表中高度浓缩的信息，管理者要控制企业，还需要更多更具体的信息。的确如

此，无论是高层管理者还是基层管理者都需要更具体、更详细的信息。以营业收入为例，企业管理者，至少是负责销售的管理者，需要了解诸如每种产品销售多少、哪些产品没有达到预期销售量、哪些产品超出了预期销售量等诸如此类的信息。此外，管理者还应密切关注产品退回、售后维修以及产品更换等。

为了实现控制目标，企业管理者需要对具体细节进行动态监控。管理者需要制定相关的业绩标准，并且把时间和精力集中在控制点上。例如，管理者应密切关注员工总数及人均销售收入；制造业企业应注重衡量生产率；零售商则通过估测存货损耗来确定因员工监守自盗和顾客入店行窃所造成的损失。

总之，向管理者提供的内部利润表（利润报告）中包含了更多更具体的相关信息。为控制费用，管理者需要费用明细，因此，会计人员为管理者提供了附表，其中列出了数百项甚至更多的具体费用项目。管理者不仅要了解具体的费用项目，还需了解费用与企业利润的两大驱动因素——销售价格和销售量——之间的依存关系。

为使读者体会成本性态的重要性，在此我们设置了一个问题。以下哪种选择能够使企业实现更多的利润：所有商品和服务的价格都提高 5%，或是所有产品和服务的销售量都增加 5%？如果你是企业管理者，只能有一种选择，你会选择哪一种——销售价格还是销售数量？显然，其中一种选择会更好。接下来，我们将解释这个问题。

对经营费用进行分类

参见表19—1。注意，企业**毛利**（gross margin）等于营业收入减去营业成本，企业必须获得足够的毛利才能进一步弥补其他的费用项目。想要获得满意的净利润，先要获得足够的毛利。利润表中单独列示营业成本，这种做法能够为管理者提供非常重要的信息，不要怀疑这一点，管理者必须最先控制毛利。

下一个问题与经营费用有关。表19—1中将所有经营费用归为一大类，即销售费用及管理费用。但折旧费用是一种特殊的经营费用，在表19—1中单独列示（经营费用不包括利息费用及所得税费用，利润表中单独列示这两项费用）。

在此，我们想着重强调一点，管理者需要理解费用与销售收入和销售量之间的依存关系。对于大部分企业而言，销售价格和销售量是保持稳定的，管理者需要了解经营费用是如何随着销售价格和销售量的变化而变化的。然而，如此重要的一点常常被淹没在企业日常经营的琐碎问题中。

我们认为，在提供给管理者的内部利润表中，经营费用应该按照与销售收入和销售量之间的依存关系进行分类。销售价格和销售量是经营业绩的两大驱动因素，但在实际操作中，会计人员提供给管理者的内部利润表中，并没有按照这样的标准对费用进行分类。造成这种现象的原因有很多，一方面，这种做法会增加会计人员的工作量；另一方面，大部分管理者可能并没有提出相关要求，然而，我们认为这是管理者错失良机。在阅读过本章之后，将由你来判断这个问题。

企业一方面需要控制特殊的经营费用，另一方面需要在决策制定过程中分析经营费用。为了强调这一点，我们重新对本例中的外部利润表做了改动（见表 19—2），我们称其为**管理用利润表**（management profit report）。企业的经营费用按照与销售价格和销售量的依存关系进行分类。这张利润表是除标准的外部利润表之外的另一种选择。

表 19—2　　年度管理用利润表　　单位：千美元

营业收入	$ 52 000
营业成本	(33 800)
毛利	$ 18 200
对销售收入敏感的费用	(4 420)
对销售量敏感的费用	(3 120)
扣除固定费用前的边际利润	$ 10 660
固定销售管理费用	(4 940)
固定折旧费用	(785)
息税前利润	$ 4 935
利息费用	(545)
税前利润	$ 4 390
所得税费用	(1 748)
净利润	$ 2 642

在管理用利润表中（见表 19—2）企业的经营费用被分成三类：

1. 对销售收入敏感的费用（sales revenue expenses）——是指那些依存于销售收入总额，随销售收入总额的变化而变化的经营费用。例如，占销售额一定比例的销售佣金、零售商支付给信用卡公司的信用卡折扣。

2. 对销售量敏感的费用（sales volume expenses）——是指那些依存于销量或产量，随销量的变化而变化的经营费用。例如，包装费用和运输成本。

3. 固定经营费用（fixed operating expense）——是指那些金额相对固定，在短期内不会发生变化的经营费用。例如，固定工资、房租、设备租金、财产税。直线法计提的折旧也是一项固定费用。固定费用短期内通常不会发生变化，但随着时间的延长，这些费用可能会下降。

对经营费用的分类需要仔细分析，认真判断每一种费用项目的类别。企业会计人员将经营成本以此为标准进行归类后，在会计记账过程中做出标记，并在提供给管理者的内部利润报告中列示各类费用的总额。

比较售价的变化和销量的变化

由于本章篇幅有限，关于企业管理者如何使用如表 19—2 所示的利润报告，我们仅简要介绍。总的来说，企业的管理者应关注变化，企业利润的每一个驱动因素都会发生变化；变化是永恒的，有经验的企业管理者会对其进行核实。管理者需要处理那些对企业经营业绩影响的变化。

例如，下一年运输成本上涨会增加对销量敏感的费用；提升财产税会增加固定经营费用；销售经理为了使销售方案更有说服力，可能会增加广告预算。管理者需要对这些变化做出回应，而不是袖手旁观地任其变化发生。

高层管理者负责制定可行的计划去提高经营绩效，这意味着企业利润等式的改变。有哪些特殊的变化呢？这是一个关键的问题。假设企业董事长制定的计划是将下一年的净利润提高 10%，管理者应如何完成这个目标？首要考虑的就是销售价格和销售量。

企业管理者需要理解销售价格提高（降低）或销售量增加（减少）所产生的影响，在表 19—3 中，我们将售价提高 5%与销量增加 5%这两种情况进行对比，分析各自的影响，目的在于帮助大家理解这两种驱动利润的基本因素有何不同。

在浏览表 19—3 之前，你首先应该问问自己哪种选择更好。如果你是销售经理，可能会赞成增加销售量，因为较高的销售量能够提高企业的市场份额。市场份额一直都是一个需要考虑的重要因素——永远都不要忽略这一点。但是，对比这两种选择之后你会发现，将销售价格提高 5%对利润的影响更好。

在比较过程中，我们以息税前利润为标准利润线。通常情况下，利息走势会随着销售收入的变化而变化，所得税会随税前利润的变化而变化——我们承认这些都是最普通的情况。

销售价格提高 5%，扣除固定费用前的边际利润提高了 22.3%（见表 19—3）。然而，销售量增加 5%，扣除固定费用前的边际利润仅提高了 5%。销售量增加 5%的同时，每一项变动费用都会增长 5%，但是，销售价格提高 5%，只有一项费用随之增加。

表 19—3　　销售价格提高 5%与销售量增加 5%

单位：千美元

		销售价格提高 5%			销售量增加 5%		
	变动前	变动后	变动额	变动率	变动后	变动额	变动率
营业收入	$ 52 000	$ 54 600	$ 2 600	5.0%	$ 54 600	$ 2 600	5.0%
营业成本	(33 800)	(33 800)			(35 490)	(1 690)	5.0%
毛利	$ 18 200	$ 20 800	$ 2 600	14.3%	$ 19 110	$ 910	5.0%
对销售收入敏感的费用	(4 420)	(4 641)	(221)	5.0%	(4 641)	(221)	5.0%
对销售量敏感的费用	(3 120)	(3 120)			(3 276)	(156)	5.0%
扣除固定费用前的边际利润	$ 10 660	$ 13 039	$ 2 379	22.3%	$ 11 193	$ 533	5.0%
固定销售管理费用	(4 940)	(4 940)			(4 940)		
固定折旧费用	(785)	(785)			(785)		
息税前利润	$ 4 935	$ 7 314	$ 2 379	48.2%	$ 5 468	$ 533	10.8%

接下来，需要考虑固定销售、管理费用以及固定折旧费用。提高售价不会影响固定费用。但是，若企业已经达到产能上限，要进一步提高销售量，就必须增加空间、设备和人员，由此将会推动某些固定费用上涨。在表 19—3 中，我们假设企业能够在不增加任何固定费用的前提下实现销售量增长 5%。

与销售价格提高 5%相比，实现销售量增长 5%较为现实，因为较高的价格会使消费者产生犹豫。因此，制定销售价格的确是企业管理者所面临的最为困难的决定之一。消费者的价格敏感度通常是不明确的，但无论如何，企业管理者都应该明白，销售价格的一个轻微的变化可能会对边际利润产生很大的影响。

盈亏平衡点

从定义上看，**盈亏平衡点**（breakeven point）是指销售收入与费用的一种配比状态，这种状态下企业利润刚好为零——没有利润也没有损失。你可以利用管理用利润表的信息（见表 19—2）来确定企业的盈亏平衡点。表 19—4 显示，销售价格降低 10.4%时，企业息税前利润（EBIT）为零；销售量下降 46.3%时，企业会达到盈亏平衡点（可以利用 Excel 电子表格计算企业盈亏平衡点）。

表 19—4 清楚地揭示出企业在降低销售价格时应该小心谨慎。特别是在销售量保持不变的情况下，降低 10%的销售价格会使企业十分接近盈亏平衡点。所以销售经理可能会建议降低销售价格来提高销

表 19—4　降低销售价格与降低销售量时的盈亏平衡点　单位：千美元

		降低销售价格			降低销售量		
	变动前	盈亏平衡	变动额	变动率	盈亏平衡	变动额	变动率
营业收入	$52 000	$46 607	$(5 393)	−10.4%	$27 929	$(24 071)	−46.3%
营业成本	(33 800)	(33 800)			(18 154)	15 646	−46.3%
营业毛利	$18 200	$12 807	$(5 393)	−29 6%	$9 775	$(8 425)	−46.3%
对销售收入敏感的费用	(4 420)	(3 962)	458	−10.4%	(2 374)	2 046	−46.3%
对销售量敏感的费用	(3 120)	(3 120)			(1 676)	1 444	−46.3%
扣除固定费用前的边际利润	$10 660	$5 725	$(4 935)	−46.3%	$5 725	$(4 935)	−46.3%
固定销售管理费用	(4 940)	(4 940)			(4 940)		
固定折旧费用	(785)	(785)			(785)		
息税前利润	$4 935	$0	$(4 935)	−100.0%	$0	$(4 935)	−100.0%

售量。但首先，我们建议利用利润报告（见表 19—2）来仔细研究这些数字，分析利润是否会增加。

小结

表 19—3 介绍的管理用利润表可以作为分析、预算和预测利润的模板或例子。例如，企业计划下一年增加 10%的销售量和提高 5%的销售价格，假如下一年这些变化都可行，那么你可以预先通过内部利润表看到利润（息税前利润）将会如何变化。

第五部分

真实性

第 20 章/*Chapter Twenty*

选择会计方法和粉饰财务数据

前言

用来记录企业经营活动和编制财务报表的会计方法应该符合权威的财务会计准则。这些准则总是处于不断变化之中。会计人员应该了解会计准则变动的最新情况。在股东和债权人阅读企业财务报告时，他们有权认为该财务报告遵循现行的会计准则，并且没有严重违反准则之处。

注册会计师（CPA）对于被审计单位实施财务报告审计，主要目的是确保被审计单位使用了正确的会计方法，从而使得财务报告进行恰当的信息披露。本书第 21 章将讨论独立的注册会计师对财务报告进行的审计。

或许你能从本章的标题推断出，在财务报表中，数据的列报取决于企业使用的会计方法以及企业是否篡改或操纵这些数据。就此而言，财务报表可能会出现舞弊，或提供虚假的销售收入和费用数据，或者，企业可能发现其发布的财务报表存在重大错报。在这种情况下，企业会公布对其原始财务报表的**重述**（restatement），以纠正原始财报出现的差错。

财务报表应该具有准确性和总结性。在财务报表中，你可以看到大量条理清晰、整齐排列的数据。但是永远不要忽视这样的事实，即你在财务报表中所看到的数据取决于编制财务报表的会计方法。需要指出的是，如果一个企业的记账过程和账务处理程序出现错误（无意的或者蓄意的），那么该企业的财务报表就会因此出现错报——甚至是重大错报。

在这一章，我们鼓励你在阅读财务报表时保持一个合理的怀疑态度。首先，你应该了解企业的经营绩效，并且了解在企业的资产和负债在某一特定的会计方法下的价值。其次，你应该了解，企业管理者可能会采取措施干预该年度的销售收入和费用，以使得净利润接近他们的期望值。最后，财务报表总会存在舞弊和严重误导财务报表使用者的可能性。在这个问题上，我们希望你不要良莠不分，全盘否定，但是你应该了解其中可能存在的糟粕。

让我们明确一件事：我们相信绝大多数的企业拥有值得信赖的记账系统并且使用诚信可靠的会计方法。与此同时，有不容置疑的证据表明，在选择会计方法时，许多企业并不诚信，它们故意编制严重偏颇或彻底欺诈的财务报表。John 已故的岳父是一位精明的商人，他常说“每个人的心里都有一点想要贪污偷窃的念头”。而我们可以说，发布误导性财务报表的企业想要贪污偷窃的念头是巨大的。

选择会计方法

在选择会计方法时，企业需要遵守适用于该企业的权威的会计准则。不要认为已有的会计准则将企业置于有限的会计方法的束缚之中就足够了。虽然会计报告标准缩小了企业可选择的范围，但并没有限定企业只能使用某一特定的会计方法。事实上，在确认销售收入及许多费用的过程中，企业可以在其他被准则接受的替代方法中进行选择。

企业可以采用稳健的会计方法，延迟确认利润，将某些资产计价从低，某些负债计价从高。或者，企业可以采用会带来相反效果的宽松的或激进的会计方法。在宽松会计法和稳健会计法中做选择并不意味着选择的会计方法的好坏。我们认为，稳健会计法和宽松会计法都是好的会计法，这正如投票给共和党还是民主党并不能决定你是一个好公民还是坏公民一样。

财务会计就像测量一个人的体重，而这个人正站在可以给出正确读数的秤上，但别忘了，财务会计准则允许企业选择使用哪一种秤——称的轻的秤或者称的重的秤。

现在还没有专门讲解会计方法的教材。在这里，我们所能做的就是让你大致了解企业应如何合理地选择会计方法。以下是可供企业选择的会计方法的部分清单：

- 确认销售收入的确切时间点，尤其是存在退货可能、巨额售后服务费用及售价有待后续协商确定时。
- 何时确认应收账款的坏账损失，以及坏账在实际发生之前，如何估计坏账的金额。
- 是选择先进先出法、后进先出法还是选择其他结转营业成本和核算存货成本的方法。
- 是选择加速折旧法还是选择直线折旧法，如何（更现实地）估计预计使用年限。
- 是预先估计无形资产的减值损失，还是等到有确切证据表明无形资产减值后再计提。
- 在产品出售后，是立即确认已售产品的**保修和担保费用**（warranty and guarantee costs）还是等到未来保修事项实际发生时再确认。
- 对于决定雇员的退休福利计划和退休后健康/医疗福利计划的成本的关键变量，是采用最低估计值还是最高估计值来预测其数值大小。

这份清单只是企业在确认销售收入和费用时所做出各种决策的一个样本。企业在某一时期的净利润取决于其选择的会计方法。总而言之，可供企业选择的会计方法有很多。根据财务报告准则，企业必须在财务报表附注中披露所使用的关键会计方法（第 17 章对附注进行过讨论）。

可以在不同会计方法之中进行选择，大多数企业的管理者也许对此持欢迎态度。事实上，对于会计方法的选择和财务报告的披露，他们更喜欢有一个更广阔的选择范围。多年来，会计准则正朝着缩小会计方法的选择范围和扩大财务报告信息披露的要求的方向不断努力。

注释

对于因使用不同会计方法导致的净利润以及资产和负债的差异，企业无须披露。如果企业变更会计方法，也无须调整以前年度的销售收入和所有费用。比如，当以下情况发生时，企业无须在财务报表中对此做出解释：

> 在财务报表附注中，我们指出本企业使用的是稳健会计方法。相反，如果我们使用的是宽松会计方法，那么净利润会比当前数值高出 5 000 万美元，并且资产总计和负债总计会与当前数值显著不同。

最后，需要记住的一点是，选择不同的会计方法不会影响当期现金流量。不管企业采用何种会计方法，企业现金流量表（见第 14、15 章）始终保持不变。现金流量表反映企业某一时期的现金流量真实增减变动情况（然而，企业可能利用**“窗口包装”**（window dressing）等不正当的手段来提高现金期末余额，稍后我们将对此进行讨论）。

粉饰数据

企业管理者在一年当中会定期收到来自财务部门的利润报告。

年度终了之前，他们就能够较为准确地预计企业当期利润。预计利润也许会明显低于管理者此前的预测值（或者明显高于此前的预测值）。一般来说，面对这种情形，企业管理者有两种做法。

管理者可能照常经营企业，这意味着他们不会刻意采取措施干预企业当期销售收入和费用（但他们仍会尽力降低成本）。或者，管理者也可能采取行动，使企业当期净利润更加接近他们的理想值。可以说，管理者可能采取措施使净利润按其期望的方向发展。

简言之，管理者可以采取某些措施以达到减少或增加当期费用（以及销售收入）的目的。我们一般将这些行为称为**粉饰数据**（massaging the numbers）。可以说，管理者可能通过对当期财务数据施加影响来改变最终的列表结果，从而提高利润或减少利润。不幸的是，由粉饰数据所引发的伦理和道德问题难以找到简单明确的解决办法。

让我们对粉饰数据和**篡改账目**（cooking the book）做一个明确的区分。篡改账目是指**会计舞弊**（accounting fraud）。舞弊的严重程度要远远超过粉饰数据，舞弊包括伪造销售收入和费用总额。粉饰数据则是指虽然企业合理地确认了销售收入和费用，但是管理者采取了一定措施促使本年度财务数据上升或下降。我们听过对粉饰数据最贴切的描述来自于John已故的岳父，一位成功的企业家和管理者。他认为粉饰数据如同“抖松枕头”，我们一直非常赞同这一描述。

有人认为粉饰数据就像善意的谎言，或者是为好故事而美化事实，也有些人认为粉饰数据就如同为企业的财务门面涂脂抹粉。

大多数会计人员对粉饰数据的行为感到不安，但他们明白，在企业与财务的世界里，人们能够容忍粉饰数据（一位天主教徒也许会将粉饰数据视为可宽恕的小罪，但篡改账目对于他们来说则是不可饶恕的大罪）。虽然会计人员更希望企业管理者不要粉饰数据，但他们还是会服从管理者，附和他们虚报财务数据的行为。毕竟会计人员因为粉饰数据而检举所在的企业，这样的事情你们几乎从没听到过吧。毕竟会计人员是企业管理团队的一分子，你们可以认为这就是会计人员对企业粉饰数据保持沉默的原因。注册会计师在审计时也容忍一定程度的粉饰数据的行为（更多内容见第 21 章）。

企业管理者虚报财务数据的原因之一就是为了平滑利润。管理者认为，企业完全依靠自身会计制度产生的年度净利润忽高忽低，波动巨大。他们为粉饰数据辩解，理由是应该把利润走势由“急剧波动变得平稳顺畅”。他们认为，如果企业列报的净利润呈平稳发展的趋势，投资者就无须因年度净利润的微小变化而过度担忧，这对投资者来说是更好的选择。

好吧，对于上述粉饰数据的辩解，我们难以判断其对错。当一个企业操纵当年的财务数据时，它并未披露在没有管理层干预的情况下企业净利润的真实状况。无论如何，投资者和债权人应该认识到，他们所阅读的财务报表中的会计数据，不同程度地存在被企业管理层操纵（粉饰）的可能性。

管理者可以通过多种途径粉饰数据。比如，大多数企业都存在**酌量性费用**（discretionary expenses），这部分费用很大程度上取决于管理者对该花费多少钱以及何时支出的判断。以企业的维修保养费用为例，这项费用直到所有的维修工作完成后才会对其进行确认。对于这些费用，管理者只需简单地改变工作顺序。例如，虽然原计划于今年粉刷大楼，但实际并未如期进行，又或者，虽然应该在今年更换运货车的轮胎，但实际上直到明年才更换。通过此类手段，管理者能够控制本年度入账的部分费用的数额。

大多数企业都存在许多酌量性费用。如雇员的培训与开发费用、广告费用等。部门主管可以推迟雇员培训课程的正常进度，他们也可以将广告宣传活动延迟到明年进行，但我们难以评估这些举措对雇员生产力所带来的后续影响。

管理者虚报财务数据的另一种途径就是利用**期末调整事项**（adjusting entries），通过调高某些费用来实现该年最终的收支平衡。许多期末调整事项需要做出估计，如应收账款未来无法收回的数额，已售产品未来的保修费用，无形资产的减值等。通过操控这些估计，管理者可以控制本年度的费用总额。

管理者也可以采取某些行动来提高本年度的销售收入。比如，即使经销商没有订购产品，企业也对其进行配送，我们称之为“填充分销渠道”。企业这样做的结果就是削减来年的销售额，以此来增加本年度账面上的销售额。此外，企业还可以通过其他许多方法人为地增加本年度的销售额。

到此为止，我们从企业操控当期净利润的视角出发，对粉饰数据进行了探讨。此外，还存在另一种不影响利润的粉饰数据类型，它的目的是使企业的短期偿债能力和现金流动性看起来强于其实际水平，其中一个例子就是窗口包装。

有一个常用的例子来解释窗口包装。在一个会计年度结束后，企业需要将其账目（会计记录）保留几天，这样做的目的是记录额外收回的应收账款。比如，企业在 2014 年 1 月的前几天收到款项，但是现金流入的确认时间似乎是在 2013 年 12 月 31 日。这样做的结果是企业现金余额增加，应收账款减少，流动性更强（更多的现金结余）。过去我们进行民间审计时，经常会有客户这样做。我们猜想，现在情况也是如此。

我们需要再次明确，篡改账目要比粉饰数据严重得多。篡改账目指的是虚构销售收入，或少计漏计费用和损失。简言之，篡改账目是指伪造会计记录。如果粉饰数据超过了一定限度，那么最终结果便与篡改账目（即会计舞弊）无异，换言之，粉饰数据是可能导致会计舞弊的危险之举。

企业管理者及其会计方法

一个企业的首席执行官有责任确保企业财务报表的公正列报。这意味着用来衡量企业利润的会计方法需要遵守现行的适用于该企业的会计准则。如果一个企业采用的会计方法超出了会计准则的限制，那么该企业会因发布虚假和误导性的财务报表而受到指控。对于因为采信了误导性财务报表而蒙受损失的债权人和股东，企业首席执行官应对他们的损失负责。正是出于这样的原因，首席执行官应该密切关注编制财务报表的会计方法的选择。

理论上，首席执行官和其他高层管理者应该决定哪些会计方法和会计政策最适用于本企业。高层管理者应该征求首席财务官、会计总监或总会计师的建议，他们必须决定是采用保守的（谨慎的）利润核算方法，还是宽松的（激进的）利润核算方法，这也就意味着是选择晚记利润（谨慎的），还是早记利润（激进的）。越早确认收入，越早报告盈利；延迟确认费用，越早报告盈利。

如果一个企业希望尽早确认盈利，那么首席执行官应该指示会计人员使用能够尽早确认收入或者延迟确认费用的会计方法。相反，如果一个企业希望采取保守谨慎的方式报告盈利，那么首席执行官应该指示会计人员使用能够延迟确认收入或者尽早确认费用的会计方法，这样才可以延迟报告利润。对于固定资产比重较大的生产型企业而言，核算营业成本和计提折旧费用所使用的会计方法，是企业面临的两个至关重要的选择。

企业管理者也许并不喜欢牵扯到会计方法的选择之中。我们认为这种想法是错误的，总有人要对企业使用何种会计方法做出选择，如果不是高层管理者，那么一般就是企业的会计总监。作为总会计师，会计总监应该与首席执行官以及其他高层管理者密切合作，确保企业采用的会计方法不会与经营目标、企业宗旨、发展战略和组织计划背道而驰。

会计方法的一致性

企业会计方法一经确定，不得随意变更。首先，美国国税局反对企业随意变更会计方法；其次，企业频繁变更会计方法会引发财务报表及附注中许多信息披露问题。在某些特殊情况下，企业的确需要变更会计方法，但是除非碰到极其罕见的情况，否则绝大多数企业并不会变更会计方法。

简言之，会计方法的一致性是一种常态。投资者和债权人需要企业保持会计方法的一致性。如果缺乏一致性，企业不同年份的财务报表会缺乏可比性，分析财务报表就会变得异常困难，也会增加其他层面的困难。财务会计准则允许企业变更会计方法，但是，只有拥有足够充分的理由时，企业才可以变更会计方法。

收益质量

财经新闻中经常出现**收益质量**（quality of earnings）一词。企业报告的净利润要接受质量检验，可以说是严格的检验。收益质量没有统一的定义，但是许多人用这一词语来表示企业所用会计方法的完整性和可靠性。

我们一般认为稳健的会计方法产生的数据质量很高。证券分析师和专业的投资经理对激进的会计方法持保守的态度，他们乐于见到企业的会计数据有一定的安全余量或者防患于未然的保护意识。他们知道财务数据中存在许多估计和选择，因而他们宁愿报告一个较低的利润而非较高的利润。

对于那些过早确认收入（或其他利润来源），或者没有及时确认损失或费用的会计方法，专业的投资人和投资经理对其保持着密切关注。即使财务报告已经审计，投资专家还是会对财务报告进行仔细彻底的检查，以便更加清楚地认识企业报告收益的可信度。

股票投资的一个基本原则就是投资组合多样化，这样才会使投资风险不过分集中于一只或者几只股票上。企业的财务报告存在误导性信息，或者会计方法不可靠，甚至存在欺诈，这些都会导致投资风险。因此，针对误导性和欺诈性的财务报告，股票投资多样化一定程度上保护了投资者的利益。

第 21 章/*Chapter Twenty-one*

财务报告审计

企业也许会聘请独立注册会计师（CPA）对来其财务报告实施审计。许多人认为审计人员的工作目的是发现不道德行为或者检查出不诚信以及违法行为。在审计工作中，注册会计师有责任保持专业的怀疑态度。在执行审计程序时，注册会计师也许会发现企业内部员工挪用公款、监守自盗，或者发现企业高管精心策划的会计舞弊。这些都是审计工作的次要职能，注册会计师实施审计工作的主要目的并不在此。

作为审计人员，注册会计师查阅会计记录并且收集其他证据以提出对企业财务报表的审计意见。以审计工作为基础，注册会计师证明，或者说“担保”财务报表的**公正性**（fairness），公正性意味着该企业所采用的会计方法和信息披露符合现行适用的财务会计准则的要求。简言之，注册会计师应根据相应准则的要求来决定是否发表被审计单位公正经营的审计意见。

为什么要审计?

假设你对一家非上市公司投入了一笔可观的资金，但你不能参与企业的管理经营，你是一位“缺席”的所有者——一位“消极”的投资人。但是你作为股东，你会收到企业的财务报告。你通过财务报表及附注及时了解该企业经营状况，判断企业是否会遇到经营困难。

你如何确定企业财务报表是否进行了充分的披露？你如何确定企业衡量利润时是否使用了恰当的会计方法？你是否只凭自己的主观臆断？你是否确定自己可以相信企业的财务报告？

或者假设你是一位银行信贷主管，某企业正在申请贷款，申请材料中包括其最近一期的财务报表。该企业编制财务报表时是否使用了正确的会计方法？企业是否为了获得贷款而歪曲财务报告、美化经营业绩？你知道，人们对这些事是有所耳闻的（参见第 20 章关于财务报告中粉饰数据的介绍）。

又或者假设你是一位共同基金投资经理，所负责的规模庞大的证券投资组合在纽约证券交易所和纳斯达克交易。股票的市场价值取决于企业公布的净利润和每股收益，你如何确定企业公布的利润数据是可信的呢？

出于以下两点基本原因，财务报表可以严重误导其使用者，一种在本质上是非故意的，另一种是故意的：

1. 无心之失和不胜任：企业可能缺乏足够的内部控制机制。会计错误有时存在于会计记录中，而企业没有发现并纠正这些错误。或者，企业的总会计师可能并不了解现行财务会计准则的要求。

2. 故意欺诈：高层管理者可能故意美化企业的经营业绩和财务报表，或者隐瞒本应该在财务报告中披露的重大信息。我们通常称之为财务报告舞弊或者会计舞弊。更通俗的说法就是篡改账目。

防范错误和舞弊风险的方法之一就是聘请独立的专业会计人员对企业的会计制度实施审计，以确定财务报表没有重大错误，并且恰当地遵守了财务会计准则的要求。审计为企业财务报告的真实可信程度和是否遵守相关准则提供保证，因此应由独立的注册会计师实施财务报告审计，我们将在下一节中讨论这一职业。

注册会计师

想要成为一名注册会计师需要做到三件事。第一，必须获得主修会计的大学文凭，并且系统地学习过一系列会计和审计的相关课程。[①] 美国注册会计师协会（AICPA）鼓励各州制定相关法律要求学生完成五年的相关教育，大多数州政府都通过了这样的法律。第二，必须通过国家注册会计师考试，这是一场测试会计、所得税、审计和经济法等相关知识的严格的考试。第三，必须满足其所在州

① 此处为美国注册会计师资格获取条件。——译者注

对相关从业经历的要求。对于公众会计从业经历的时间和种类，各州的要求不同，一般来说最低时限为一年。

满足教育、考试和经历这三个要求后，就可以获得居住地颁发的注册会计师执业许可证。但是取得执业许可证并不意味着一了百了，大多数州（也许是所有州，我们并未对此进行核实）要求会计人员每年完成 30 或 40 小时的继续教育以更新注册会计师执业许可证。每个州都有一个会计委员会负责管理会计人员的具体实践，对于违反法律法规及注册会计师职业道德的个人，会计委员会有权吊销或暂扣其执业许可证。

注册会计师的工作远不止审计财务报告这么简单。他们为公众提供的服务范围不断扩大——所得税规划、个人财务咨询、企业价值评估、计算机系统与信息技术、生产控制和效率、司法事务及其他专业领域等。（注：负责审计上市公司财务报告的会计师事务所为审计客户提供非审计服务时会受到严格的限制。）

作为一个职业资格证书，注册会计师执业许可证得到了广泛的认可和高度的重视。注册会计师的专业地位建立在其专业知识和从业经历以及独立性之上。注册会计师（certified public accountant，CPA）中的“certified”是指他们的学识与经历，“public”是指他们的独立性。在审计财务报表时，注册会计师的独立性是十分重要的，为了保持独立性，注册会计师必须公开开展业务，并且不能成为任何组织（除了会计师事务所之外）的雇员。

拥有公众会计的相关经验是获得其他工作机会的踏脚石。许多人从公众会计做起，最终成为企业的总会计师、财务副总裁或首席财务官，有些注册会计师最终成为企业总裁或者首席执行官，还有些注册会计师选择从政（其中的一小部分成为州长）。那些不再涉足公众会计事务的人仍被认为是注册会计师，即使他们不再开展相关业务。这就像拥有医学博士学位的人即便不再进行医疗服务，我们仍叫他们医生一样。

审计是必须的吗？

根据联邦证券法的要求，持有公开交易的债权和股权证券的企业的年度财务报告，需由独立的会计师事务所进行审计。一项调查显示，美国大约有 5 000 家上市公司（这一数字相较几年前有了大幅下降）。依照对公司一词的通常理解，非上市公司的数量就更加难以确定了。在美国，有超过 900 万家以营利为目的的合资企业、合营企业、有限责任公司，还有数百万家独资企业（个人所有权）。联邦证券法并不涉及非上市公司，但是它们受制于相关州法律的规定。虽然并没有法律要求它们进行审计，但是许多非上市公司都聘请会计师事务所对其年度财务报告进行审计。

正如企业遇到法律问题时应该咨询相关律师，企业遇到某些问题时也需要审计人员。例如，非上市公司想取得贷款或者向新投资人发行股份时，也许愿意书面或口头同意聘请独立的注册会计师对其年度财务报告进行审计。

上市公司别无选择；依照法律要求，必须由独立的会计师事务所对其年度财务报告进行审计。但是，如果没有法律要求，上市公司应该聘请会计师事务所来审计它们的年度财务报告吗？这样做有什么回报呢？总的来说，审计增加了企业财务报告的可信度，相比未审计财务报表，已审计财务报表的“可信度指数”更高。

注册会计师的审计能够预防出现误导性财务报表。注册会计师是专业的“会计侦探”，他们熟知财务会计准则。出于独立性的要求，注册会计师不应该容忍一份存在误导性信息的财务报告。

审计工作收费并不便宜，注册会计师是高收费的专业人士，企业不能要求审计人员进行马虎潦草的审计以降低他们的收费，审计工作容不得半点折扣。非上市公司的审计人员需要遵守**公认审计准则**(generally accepted auditing standards，GAAS)，上市公司的审计人员则必须遵守2002年颁布的《**萨班斯-奥克斯利法案**》(Sarbanes-Oxley Act)。如果注册会计师违反审计准则或相关规章制度，就会卷入法律诉讼，受到联邦监管机构的制裁，并且给他们的职业声誉带来沉重打击。

审计工作需要花费大量时间，因为在对被审计单位的财务报表发表审计意见前，注册会计师必须搜集大量的证据并且反复检查企业的会计记录。完成审计工作所花费的大量时间造成了较高的审计收费水平。如果法律没有强制要求实施审计，企业必须在审计所增强的财务报表可信度和审计的成本之间进行权衡。

银行也许会坚持要求申请贷款的企业进行审计。企业的外部(非管理层)股东也许会坚持要求企业进行年度审计来保护他们对该企业的投资。在这些情况下，审计费用被认为是使用外部资本的成本。但是，在许多情况下，外部投资者和债权人并不坚持要求企业进行审计。即使这样，企业也许仍会通过审计来检查自身的会计制度，或者，企业也许决定进行严格的检查——针对企业是否容易发生舞弊和贪污而进行的独立的检查。

注册会计师实施的年度审计就像对一个人进行一年一次的全身体检。医生进行标准化的检查并对你的身体情况做出整体评估，同时注意观察器官是否出现疾病征兆，除非有明确理由来确诊癌症或者心脏病，否则医生不会出于防治这些疾病的考虑而进行额外的身体检查。比如，除非人们怀疑自己患上某种疾病，否则医生不会主动为他们进行额外的检查。

审计人员不会检查企业本年度的每项交易，也不会检查资产或负债的每个明细项目。总而言之，审计人员非常依赖审计抽样，因此，审计人员特别重视企业的内部控制以防止并发现错误和不规范行为。审计人员需要通过执行风险评估程序来发现可能存在错误及不规范行为的区域，进而将审计程序集中在这些高风险区域。

审计人员需要设计审计步骤以检查出可能存在的会计舞弊行为，并且确定放任这些舞弊行为不被发现的内部控制中的薄弱环节。尽管如此，审计的主要目的仍是对财务报表（包括附注）的公正性发表意见，同时对财务报表是否遵守相应的财务会计准则发表意见。

会计舞弊会破坏财务报表的公允性，所以注册会计师不得不时刻提防各种各样的会计舞弊（和会计错误）。但是注册会计师在审计报告中对会计舞弊只字不提，没有类似于“我们在寻找会计舞弊但是却一无所获”这样的陈述，我们将在下一节讨论注册会计师发表的审计意见。

无保留审计意见

首先，让我们明确一点。我们正在就注册会计师对企业财务报告的审计进行专门讨论，但还有许多其他类型的审计，比如美国国税局（IRS）对所得税申报表的审计，美国审计总署（GAO）对联邦政府资助的项目的审计，以及组织内部审计等。接下来我们要讨论的是注册会计师对企业编制并对外发布——主要是面向它们的贷款机构、股东和其他利益相关者的财务报告的审计。

财务报告的使用者并不太关注审计工作是如何完成的，他们也不需要额外关注这些。对他们而言较为重要的是注册会计师的审计意见。虽然有证据表明多数财务报告使用者并不关注注册会计师发表的意见，最多就是快速浏览一下，但是他们的确应该仔细阅读审计报告。显而易见的是，许多财务报告阅读者简单地认为只要对财务报告进行了审计就是提供了足够的保障，他们认为注册会计师不会审计一份错误的或者存在误导性信息的财务报告。

许多财务报告阅读者似乎认为如果会计师事务所对被审计单位的财务报表实施了审计并出具了审计意见，那么企业的财务报表及附注一定符合适用的会计准则并且在所有重大方面公允列报，没有错报。注册会计师发表了审计意见就等同于认可了这份财务报告吗?不，当然不是!

最好的审计意见称为**无保留意见**（unqualified opinion）①。总的来说，无保留意见表明注册会计师对被审计单位的财务报表和信息披露没有重大的怀疑。换句话说，注册会计师确认财务报表的编制符合适用的财务会计准则，并且已就相关会计信息进行充分披露（这些标准使得管理层在会计方法上有许多选择，我们在第 20 章对此进行了讨论）。

根据美国的会计准则，对 XYZ 公司出具的无保留意见审计报告的标准用语如下：

> 我们认为，上述财务报表符合美国公认会计准则的规定，在所有重大方面公允地反映了 XYZ 公司 2014 年 12 月 31 日的财务状况以及 2014 年度的经营成果和现金流量。

这一段被称为审计报告的意见段。审计报告还包括引言段，管理层对财务报表的责任段，以及详尽的注册会计师的责任段（和责任范围）等其他部分。在此我们就不对这些其他部分过多赘述。审计报告最重要的部分就是意见段，其中最重要的用词就是**公允反映**（present fairly）。这个词究竟是什么意思呢?

实际上，注册会计师在无保留意见审计报告中表达的意思就是“我们没有不认同这份财务报告”。如果注册会计师是被审计单位的

① 原文用 unqualified opinion 或 clean opinion。——译者注

财务总监，他们编制的财务报表及附注也许会有所不同。事实上，注册会计师也许更喜欢过去曾使用过的会计方法。注册会计师在无保留意见审计报告中表达的意见就是，财务报表及信息披露在所有重大方面均符合现行的财务会计准则的要求。

注册会计师审计报告的标准版本有超过 200 字的专业术语，在我们看来，这些专业术语对其使用者提出了很高要求。即便你十分匆忙地浏览审计报告，或者仅仅是不想为阅读整篇审计报告而大费周章，也务必要阅读审计师的审计意见。

审计人员能发现会计舞弊吗?

在第 20 章，我们区分了粉饰数据和会计舞弊。粉饰数据是指企业以某种方式干预会计数据，例如企业高管采取措施来控制某一会计期间确认的销售收入和费用总额，以平滑利润或暂时增加（或降低）利润，这样的会计策略处于会计职业道德的灰色地带。注册会计师当然不喜欢管理层对会计数据暗中动手脚。但是，操控会计数据是能够被容忍的——只要这种操控适度，不会导致严重的误导性财务报表即可。

粉饰数据就像犯了轻罪。按照这种思路，会计舞弊就是一条重罪，篡改账目比微调数据要严重得多。会计舞弊是指凭空捏造销售收入和费用，虚构资产或者少计漏计负债。简言之，会计舞弊使得财务报表中存在严重的故意误导性信息。

注册会计师总是能发现会计舞弊吗？对此的简明回答就是：不一定。注册会计师也许会发现会计舞弊，但是，如果管理者巧妙地隐藏并且周密地谋划其舞弊行为，那么他们的会计舞弊可以多年不被发现。一个企业连续 5 年、10 年甚至更长时间持续舞弊的事例比比皆是。在许多事例中，舞弊行为最终使这些企业自食恶果，或者被人检举。但是，即使审计不能保证在任何情况下都发现舞弊行为，注册会计师的审计工作还是提高了发现会计舞弊的可能性。

我们认为，问题的根源在于企业必须控制审计成本。与审计所带来的好处相比，审计成本必须是合理的。考虑到审计成本的限制，注册会计师不能寻找并检验每一个可能存在舞弊的地方。注册会计师应该评估企业已建立的用来防范财务报表舞弊的内部控制。如果审计人员发现企业内部控制中的薄弱环节，他们应该调查这些内部控制最薄弱的地方，并且与企业审计委员会密切合作，改善薄弱环节。

在审计的最后，注册会计师未能发现会计舞弊的风险总是存在的——特别是企业高层管理者唆使并精心策划的舞弊。让所有审计都具有绝对安全性的成本高得令人望而却步。考虑到审计较大的规模和较高的成本，有些出于将总体审计成本控制在合理范围内而导致的审计失败是可以接受的。我们突然严重地怀疑，也许进行审计的真正原因是，由于有审计得出的证据显示企业的财务报告存在严重的误导性和欺诈性，所以当企业贷款机构、投资者及其他人遭受损失时，他们有权提起诉讼。

阅读审计报告

在我们看来，多数财务报告的阅读者只想简单地了解注册会计师是否对管理层编制的财务报表及附注发表了什么反对意见。他们并不太在意注册会计师在审计报告中的具体用词。他们只希望了解：注册会计师是否对该企业的财务报告表示满意？如果不满意，他们希望注册会计师明确发表对财务报告的反对意见。

财务报告使用者应该阅读注册会计师发表的审计报告来了解：第一，审计人员是否发表了无保留意见；第二，审计人员是否提供了额外信息来解释为什么不发表无保留意见。在下列情况下，标准的审计报告需要扩展或修改：

- 注册会计师希望强调一个或多个要点，比如财务报表中列报的关联方交易，年度重要事项，或者是企业面临特殊的不确定事项。

- 企业变更了会计方法，这导致与企业最初发布的财务报告出现了不一致。

- 因为企业无力偿还到期负债而出现财务困难，或者是因为无力偿还其他巨额债务，所以企业是否能够保持持续经营存在巨大的不确定性。

审计报告中的这些额外信息不会对企业财务报告产生影响，它只是为使用者提供了更多信息。

与此相反，注册会计师可能对企业采用的某种会计方法，或没有披露其认为必须披露的事项产生异议。在这种情形下，注册会计师会在意见段里提出包含关键词“除非”的**保留意见**（qualified opinion）。保留意见的理由（审计人员觉得存在异议的地方）会在审计报告中进行阐述。在对所有事项进行整体考虑后，注册会计师必须对财务报告和附注不存在误导性内容表示满意才可以给出保留意见。

出具保留意见或许要归因于注册会计师（收集证据）的审计范围受到限制。注册会计师如果不能搜集到财务报表中一个或者多个账户的足够的证据，就会限制他们对这些项目出具审计意见。

出具一份保留意见的审计报告有多严重？这意味着审计人员指出了企业财务报告中的一处错误，但不是致命的错误。一份保留意见的审计报告是一张黄牌，而不是红牌。我们需要记住一件事：虽然与现行会计准则相比，财务报告或多或少地存在偏差，但是注册会计师必须判断其整体的公正性是否符合要求。如果审计人员认为偏差已经严重到导致财务报告具有误导性的地步，那么注册会计师必须发表**否定意见**（adverse opinion）。你很难看到一份否定意见审计报告，因为没有企业会主动发布误导性财务报表并且允许注册会计师指出来让大家去关注。

由于审计范围受到限制或者企业存在特殊的不确定性事件，注册会计师可能必须发表**无法表示意见**（disclaim an opinion）的审计报告。某些情况下，注册会计师可能会与委托人产生严重的分歧而且无法圆满解决，注册会计师可能会解除业务约定（也就是解约）。这种情况并不常见，在这种情形下，注册会计师必须告知企业高层管理者、董事会和审计委员会，说明分歧的性质和解约的原因。

注册会计师并不是逾越企业内部界限的揭发者。对上市公司而言，如果出现解约，注册会计师必须告知证券交易委员会（SEC）和美国公众公司会计监管委员会（PCAOB）审计业务约定书已被撤销，并且告知注册会计师与被审计单位之间是否还存在未解决的分歧。注册会计师应该与上市公司的审计委员会紧密合作，同时也有责任就审计过程中出现的问题与委员会进行交流。

后萨班斯时代

为了应对众多广为人知的审计失败案例，特别是声名狼藉的安然破产事件，美国国会于 2002 年 10 月通过了《萨班斯-奥克斯利法案》。这项重要的联邦立法意在提高审计质量和审计人员的独立性。国会对于审计人员不能揭露发生在他们鼻子底下的大量的会计舞弊非常愤怒，因而更没有心情理会审计界的借口和承诺。

这一法案创立了名为美国公众公司会计监管委员会（PCAOB）的新的联邦机构，这个机构是证券交易委员会（SEC）的一个分支。公众公司会计监管委员会在对上市公司的审计上有着超越会计师事务所的巨大权力，或许叫它“公众公司审计监管委员会”更为妥当。公众公司会计监管委员会被赋予了广泛的权力，并且在规范对上市公司的审计中处于支配地位。

《萨班斯-奥克斯利法案》认为企业管理层对财务报告负有最终责任。首席执行官必须确保企业的财务报告进行了公正列报，并且完全符合相关财务会计准则的要求。另外，法案也要求管理层在年度财务报告中对企业内部控制进行评价。

目前注册会计师的审计业务被分成两个基本部分：审计上市公司和审计非上市公司。针对非上市公司的审计，美国注册会计师协会下的审计准则委员会发布了权威的审计声明。虽然在公众公司会计监管委员会还没有涉及的一些区域内，上市公司仍受美国注册会计师协会的审计标准委员会的管理，但是公众公司会计监管委员会仍然掌控着审计上市公司的准则。

第 22 章/*Chapter Twenty-two*

基本问题，基本答案

几年前，一个女性投资俱乐部邀请 John 在她们每个月的会议上讲解财务报表，这是一件非常有趣的事。这些女性组成了一个精明的投资者团队，她们把每人每个月的投资集中在一起，对上市公司的普通股进行投资。

这些女性投资者问及了一些值得深思的问题。本章我们将与大家共同分享这些问题，并且回答其中的一些问题，这些问题对上市公司或非上市公司股票和债券投资者都很重要。其他财务报表的阅读者也会从本章获得启发。

企业投资者和债权人应该知道这些与财务报表有关的问题的答案。我们不是从投资机构或者专业的投资管理者的角度出发，而是基于典型的个人投资角度来回答这些问题。John 的退休基金（TIAA-CREF）管理了大约 400 亿美元的投资，我们假设投资组合的管理者知道这些问题的答案。

当你卖掉股票时，企业得到你的钱了吗？

令 John 十分惊讶的，同时也是很重要的一点是，这些女性曾考虑购买通用电气的普通股。其中两位成员对通用电气公司进行了调查研究，并建议以现行市价购入股票。John 怀疑其中一些成员认为通用电气能够收到她们的投资，因此 John 指出，她们投入的资金会转移到股票卖家的手中，并不是通用电气。

这些女性投资者并不完全清楚**初级资本市场**（primary capital market）（由企业初始发行的证券，募集的资金直接流入到企业账户）与**二级证券交易市场**（secondary securities market）（人们在二级证券交易市场中将他们持有的证券转卖给其他投资者，最初发行这些证券的企业的账户中并没有现金流入）的区别。John 将其与购买一辆新汽车和购买一辆二手汽车的例子进行了比较，购买新汽车的款项会（通过经销商）支付给通用、福特或本田这些汽车公司，而购买二手汽车的款项则会支付给它之前的拥有者。

尽管这些女性投资者可能会因通用电气没有收到她们的投资而感到失望，但 John 仍旧明确了这一点。自从 John 指出了这两种资本市场的区别之后，她们便意识到证券交易之所以能够达成，是因为买卖双方在交易价格上达成了共识。

财务报告是否可靠、值得信赖?

绝大多数上市公司的财务报告是根据现行准则公允呈现的，这些准则在美国被称为**公认会计原则**（GAAP），在美国之外的国家被称为**国际财务报告原则**（IFRS）。如果不是这样，企业审计人员会提醒财务报表使用者注意报表中存在的偏差或不足，因此，财务报表使用者务必要阅读注册会计师的审计报告。截至 2013 年，美国财务会计准则尚未与国际财务会计准则完全一致——或许将来会，很难预测这个“趋同”的过程如何且何时能够完成。

经由注册会计师审计的非上市公司的财务报告与那些上市公司的一样，基本上是可靠的（至少我们的经验是这样）。然而，未审计的非上市公司财务报告存在违反财务会计准则的风险更高。例如，尽管准则要求企业出具现金流量表，但我们看到很多非上市公司的年度财务报告中并不包含这张表。企业财务工作在很大程度上取决于企业总会计师的能力。当阅读小型非上市公司未审计的财务报告时，若年度财务报告中没有现金流量表，那么就需要特别提高警惕。

应该明白，财务会计准则并不是一成不变的。负责制定规则的当局对企业会计实务进行动态监控，并确定突发问题的领域。在需要的情况下，特别是为使会计准则与企业发展、金融实务以及政治、法律、经济等外界环境保持同步，他们会对准则做出调整。

是否存在一些具有误导性和欺骗性的财务报表？

很不幸，是的！《华尔街日报》和《纽约时报》曾报道过有企业高管指使的会计舞弊事件。这些财务报告的编制可谓诡计多端：多计营业收入，蓄意少计漏计费用和损失，通过虚增净利润来维持股票的市场价格，或者企业没有披露财务状况中出现的严重问题。在财务舞弊过程中，企业欺骗债权人和股东，通过提供虚假财务信息故意误导股东，而且管理人员对此完全知情。

注册会计师在审计时很难察觉由高管指使和授意的会计舞弊，特别是那些精心策划的会计舞弊，以及涉及管理者及其他当事人的合谋欺诈（第 21 章中讨论了注册会计师对财务报告的审计）。审计人员拥有高超的执业技能，他们没能发现财务舞弊的概率是相对较低的。然而，在极个别情况中，注册会计师，包括四大国际注册会计师事务所的那些会计师，在执行审计工作的过程中玩忽职守或与企业管理人员合谋舞弊，那么，这家会计师事务所就应该当然也会被控告。

尽管财务报告出现错报或严重误导其使用者的可能性很小，一旦发现财务造假，你可以通过法律途径来对抗企业高管以及审计人员，但这并不是一个可喜的局面。尽管你可以通过法律来获得一些补偿，但到最后，你几乎肯定还是要蒙受损失的。

花时间计算财务报表比率值得吗？

我们对此表示怀疑。传统的观点认为，通过仔细地阅读财务报告可以发现价格被低估或高估的证券，然而现有证据并不支持这个假设。市场价格反映了与企业有关的所有公开的信息，包括最近一季度和一年的财务报告（内部人员可能拥有内幕信息，并在这些信息未公开之前利用他们的职务优势进行交易）。

计算财务报表比率是值得学习的经验，但不要期望可以通过计算财务比率发现一些市场上没有的信息，所以只靠财务比率不可能找到被其他人忽略但却很有价值的信息。所以就别妄想了，作为一个投资者，与其花时间计算财务比率，不如通过新闻媒体来追踪当下企业和经济发展的情况。

如果找不到其他人忽略的信息，那么为什么还要阅读财务报告呢？

你应该对目标企业有所了解。企业是否举债过多或税负过重？提到这一点，就会想到企业是否存在破产危机或者正在想方设法解决债务问题。在过去的 5～10 年里，企业的收益是持续稳定的，还是像过山车一样忽高忽低？企业是否持续稳定地发放现金股利？企业近期是否遭受了较多的损失？企业是否为高管提供股票期权允许其购买大量的企业股票？企业是否发行了多种类型的股票？

在真正购买房子前，你会仔细观察，看看房子条件是否良好，布局是否合理，外观是否美观等。同样，将资金投放于企业的证券之前，也应该了解企业的“财务结构”。财务报告能够很好地让你对企业达到“相知相识”的目的，只要你知道要寻找什么。

最基本的股权投资策略是通过搜索网站上的财务报告或财务报表数据找出满足筛选条件的企业。例如，哪家企业的市场价值低于账面价值？哪家企业的每股现金及现金等价物大于其当前市场价值的一定比例？但股票是否最终战胜市场又是另外一回事。在任何情况下，如果你明确正在寻找的企业类型，你都能够通过筛选财务报表找到答案。

仔细阅读大型上市公司的财务报表及附注往往需要花费很长时间，还有其他方法吗？

大型企业编制大型的财务报告时，财务报表通常较为冗长、复杂且包含很多页密密麻麻的附注。毫不夸张地说，逐字逐句地阅读一个企业所有财务报表中的每一个项目和附注中的每一句话会花费几个小时甚至更长的时间。同时，还要阅读审计报告（也是用专业术语编写的），首席执行官写给股东的信，以及高管为避免财务报告造假所提供的内部控制报告。我们不得不怀疑专业股票分析师及投资管理人是否有时间阅读他们所跟踪和投资的所有企业的全部财务报告，他们有可能将这项任务委托给下属。在这种情况下，我们还是希望他们能够有时间去理解财务报表。

既然已经知道从头至尾地阅读完财务报告需要太长的时间，因此，大多数上市公司会为股东提供一份**简明财务报表**（condensed financial statement）。事实上，它是将企业的财务报表浓缩成对利润表、资产负债表和现金流量表的简要概述。这些简明财务报表并不提供附注，并且不涉及审计报告。

倘若你没有时间去钻研一个企业真正的财务报表和附注，那么你至少应该阅读一下简明财务报表，这总比不看要好。顺便说一下，大部分的非营利组织（如**美国退休人员协会**（AARP））会为成员分发简明财务报表。在一些情况下，我们可能想阅读真正的财务报表，但当开始阅读的时候，我们明白自己仿佛进入了漫长的黑夜，可能只有专业的会计人士才真正喜爱这个过程。

是否存在一种立见分晓的基本检验方法来快速评估一个企业的财务绩效？

我们建议，首先计算企业营业收入与上年相比增长（或降低）的百分比，然后将这个比率作为基准，进一步检验净利润的变化及企业主要经营性资产的变化。假设企业营业收入增长了10%，那么利润是否增长10%？应收账款、存货和固定资产是否增长10%？

虽然这只是一种所谓的快速直接的方法，但它能够指出主要的差异。例如，假设存货飙升50%，但营业收入仅提高10%，这可能意味着企业管理上存在失误，接下来，存货积压可能会导致减值。管理层通常不会在财务报告中对此类差异进行评论，你必须自己去寻找——希望不要找到太多。

财务报表列示的是事实吗？是事实的全部？全部是事实吗？

在这里，的确有两个问题。第一个问题是关于利润核算的真实性，利润核算取决于企业从公认会计准则中选择的会计方法和该会计方法年复一年的忠诚度。第二个问题是关于企业财务报告中信息披露的真实性和坦白性。

企业应该根据所选择的会计方法真实完整地确认收入和费用。换句话说，企业会计方法一经确认，不管后果如何都不得随意变更。然而，有确切证据表明，上市公司的管理者为了追求更有利的结果，偶尔会干预企业确认的收入和费用——一些类似于“借力影响”的把戏（我们在第 20 章中讨论了粉饰数据）。

操纵会计数据是为了平滑盈余、抵消年度间预期外的波动和震荡。上市公司的投资者希望企业收益能够保持平稳的趋势，最好不要存在不可预期的波动，而管理人员对此乐于效劳。所以，需要注意的是，年度盈余可能在一定程度上已经被平滑了。

另一件事就是财务报告披露的内容。上市公司与非上市公司一般都不愿意向债权人和股东公开所有的事实，企业会尽可能地压制或弱化坏消息。很明显，多数财务报表都缺少坦率真实的论述，只有极少数企业能够做到家丑外扬，愿意在财务报告中公开承认错误和困难。一个著名的例子是，伯克希尔·哈撒韦公司（Berkshire Hathaway）的董事长沃伦·巴菲特（Warren Buffett）在给股东的年度公开信中公布了坏消息，并承认了自己的过失。

上市公司的年度财务报告中包括一个**管理详述和分析**（MD&A）部分。通常来讲，这是对一年以来所发生事件的公平审查。很不幸，实务中，除非准则规定当局强制企业进行披露，否则很少有企业自愿披露这一部分。

几年前，员工的退休金和养老金一直没有得到充分的披露，直到最后，美国的准则制定组织介入并且要求企业必须完全披露员工的退休金和养老金。企业不愿公布的信息还包括不安全产品召回、公诉案件、高管薪酬等。曾有这样一个例子：尽管自 20 世纪 50 年代开始证券分析师就要求企业提供现金流量相关信息，但直到 1987 年准则明确了这个要求，它们才开始公布现金流量表。

《纽约时报》曾在头条这样写道："所有的新闻都适合在报纸上报道。"但不要期望这样的事情会发生在企业的财务报告中。

企业的财务报告能够解释企业的盈利战略吗？

不完全如此。在理想的情况下，财务报告不应该只报告企业的收入、费用及利润，也应该提供利润的驱动路径图或者企业的盈利蓝图。财务报告应该阐明企业的商业模式，应该告诉阅读者什么是企业的盈利战略，包括最关键的盈利因素。

上市公司需要在年度财务报告中披露各项主营业务（营业范围）的销售收入和经营费用。划分业务范围能够了解哪些生产线获利更多。企业在每个细分市场中投放的产品不同，那么细分市场的披露的确是朝正确的方向迈进了一步。例如，很多企业都将国内市场与国际市场相区分，分别汇总各自的销售收入和经营利润。

企业对于与特殊产品（服务）边际利润相关的信息是很谨慎的，不会在财务报告中过多透露。例如，苹果（Apple）公司不愿意披露 iPhone 与 iPad 的销售毛利。边际利润是企业的机密，绝不会透露给竞争者和投资者，首席执行官所看到的利润报告与外部财务报告中的利润表是不同的。

上市公司股票的市场价格直接且仅依赖于它的财务报表信息吗?

你应该知道这个问题的答案了。尽管财务报表中所报告的信息是主要的参考依据，但上市公司的股票市场价格取决于很多因素。我们提出这个问题只是想提醒大家，上市公司的财务报表只是股票市价的影响因素之一，但可以说是最重要的影响因素，因为投资者据此做出买进、持有、卖出股票的决策。

非上市公司的资产负债表能够反映该企业的市场价值吗？

不能。如果将非上市公司整体拍卖，那么企业的资产负债表并不能代表该企业未来的市场价值，在资产负债表中显示的金额是企业实际交易和经营的结果。企业利润表中列示的净利润是反映了当期实际销售收入减去实际费用后的剩余。同样，企业所报告的现金流量是企业在一年中所产生的实际现金流量金额。总之，财务报表所确定的企业价值是以“回顾”或历史为基础，而不是以“展望”为基础的。

在真正的买方出现之前，每个人都在猜测非上市公司的价值。买方的报价可能高于企业最近一期资产负债表中所有者权益的账面价值。大家可能知道，企业的市场价值取决于很多因素，即使像沃伦·巴菲特这样精明的投资者，也曾在给股东的年度公开信中坦言了自己的错误，承认自己投资时出价过高（这封公开信可以在伯克希尔·哈撒韦公司的网站上阅读）。

一般来说，非上市公司的市场价值取决于未来的盈利能力。买方可能愿意支付该企业年度净利润的 10 倍的价钱。但是我们需要补充说明的是，非上市公司的市场价格还取决于其他一些因素。

同样，需要提醒大家，企业以盈余为基础价值与以清算为基础价值有很大不同。假设一个企业正进行破产程序或处于混乱的债务处理阶段，在这种不乐观的情况下，与股票和所有者权益的价值相比，企业债券及其他负债求偿权占据优势地位。的确，在这样的情况下，企业的股票价值可能为零。

投资和个人理财方面的书涉及财务报表吗？

大家可能会惊讶，这些书通常不会提及财务报表，甚至不会介绍财务报表的基础知识，或者完全忽略了财务报表。我们并不是对这些书持有偏见。有一些投资和个人理财方面的书相当不错，我们也阅读了很多这方面的书籍。

我们觉得有义务提醒大家，这些书中有一些比较流行的建议，但却极其缺乏实用性。例如，一些书中写道，倘若将年收入的 10% 留存下来并进行有效的投资，那么在 40 年之后会收获一笔可观的财富。John 的孙子都知道这是废话。总之，为什么投资和个人理财的书没有深入探讨财务报表，或完全忽略了财务报表，我们对此感到困惑。

对于企业的投资者和债权人而言，财务报表是一个很重要的信息来源。的确如此，难道你还能从其他地方获取这些至关重要的信息吗？没有这些财务信息就好比在没有路标和交通信号的城市中寻找目的地一样。

小结

在过去的二三十年中，尽管存在大量尚未被注册会计师发现的会计舞弊，这多多少少打击了我们的信心，但一般情况下我们还是可以信赖经过审计的财务报表。总体上来讲，所有上市公司财务报告的欺诈率非常低（但不为零）。无论如何，除了企业的财务报表之外，投资者没有获取企业财务信息的其他来源。不幸的是，会计舞弊是投资中不可避免的风险。

在投资之前，你可能会分析上市公司的财务报表并反复地思考——因为大量的投资者已经做过了同样的分析，你发现几乎所有的信息都已经被人发现。你可以通过快速的基准检验，将企业销售收入的变化率与净利润、经营性资产的变化率进行对比分析。事实上，一些主要的差别还是值得注意的。

阅读财务报表是了解你想投资企业的财务结构的最好方法。不要过多地担心上市公司所采用的会计方法。然而，对于非上市公司，你应该关注企业主要的会计政策以及这些会计方法对报告的盈余和资产价值所产生的影响。

财务报告中披露的信息往往与期望值相距甚远，不要试图在企业的财务报表中寻找出利润战略的路径图。也要记住，你不可能在资产负债表中发现企业的总价值，在真实的买方出价之前，无法轻易确定一个持续经营企业的价值，企业价值取决于过去的盈余记录及未来的盈余预期。

本章想表达的主要观点是，使用财务报表做决策需要谨慎小心。许多投资者和管理者似乎忽略了财务报表的局限，明智地使用财务报表是制定投资和信贷决策不可缺少的出发点。我们希望这本书能够帮助你做出更好的决策。祝好运，请谨慎。

第 23 章/*Chapter Twenty-three*

小型企业的财务报告

今天，毫不夸张地说，美国有数百万家小型企业。对比而言，大约有 5 000 家上市公司，它们的股票在证券市场上交易。同时，有数千家大型非上市公司，它们的股票并不在公开的市场上交易。

无论规模多大，所有企业都需要建立完善的会计制度去生产经营、遵守税法以及为管理人员提供重要的（尤其是损益、财务状况和现金流量）财务信息。接下来，会计的第四个作用就是为不参与企业管理的债权人和外部投资者提供企业的外部财务报告。

企业的财务报表取决于会计记录的完整性和准确性，当然，也取决于企业采用的利润核算方法。我们在第 3 章中解释在确认收入和费用过程中涉及的资产和负债，利润核算方法能够影响资产负债表中大部分资产和负债的价值。如果企业的利润核算方法是错误的，那么企业报告的资产和负债的价值就会不精确，利润表和资产负债表就会是不正确的。

曾经所有的企业，无论规模大小、上市与否，都遵循同样的财务会计准则。然而，实务中，小型企业省略了许多不必要的冗余，没有人愿意将小型企业从准则中分离出去（好吧，在某种程度上有人愿意）。不过，我们认为小型企业也应遵循同样的规则。然而，这种“放之四海而皆准”的准则正在改变。近年来会计行业已经采取措施，分别对于上市公司与非上市公司、小型企业与大型企业，采用不同的准则。

不同企业，不同标准

美国的上市公司必须遵循**公认会计原则**（GAAP），这些原则的内容加起来超过了 2 000 页。上市公司必须聘请独立的会计师事务所对其财务报告进行年度审计，检验其是否服从 GAAP，或者应该说是美国的 GAAP。在不久的将来，国际会计准则可能会生效——尽管我们很难预测上市公司会计准则国际化发生的时间以及范围。在本书修订之时，这项工作还在进行之中，美国证券交易委员会（SEC）还没有批准美国上市公司采用国际会计准则。

我们最多只能说，大型非上市公司遵循公认会计原则，且大部分聘请了独立的注册会计师进行年度审计。说到这里，也应该提一下会计专业人员在 2013 年建立的**非上市公司委员会**（Private Company Council，PCC），它对公认会计原则进行了修订，为非上市公司提供了与公认会计原则不同的机制，因此，未来将会出现非上市公司版本的公认会计原则。

允许非上市公司使用不同的会计原则，其目的之一是消除它们应用公认会计原则的弊端，即非上市公司为其财务报告使用者所提供的信息的价值是有争议的。这种理念是基于允许非上市公司发布比较容易阅读和理解的财务报告。毋庸置疑，非上市公司的这些例外和修正将被以准则的形式颁布。事实上，非上市公司委员会已经开始着手处理这些事情，我们不能随意揣测非上市公司会计原则与上市公司公认会计原则究竟有多大的不同。

公平地说，小型企业从来没有考虑过完全遵守公认会计原则。一方面，许多公认会计原则的条例并不适用于小型企业。另一方面，小型企业的会计人员比较忙碌，没有时间紧跟公认会计原则的改变。小型企业的会计程序更多地依赖于经验而不是严格服从完善的会计理论，因此，通常会走许多会计捷径。

关于方便的会计捷径，这里有一个简单的例子。待摊费用的金额应该按月结转（例如，预付的保险费用），但小型企业可能仅在实际支付时确认全部金额。你可以参考第 3 章，其中列示了一些小型企业在利润核算时需要考虑的问题，许多小型企业在确认费用时，甚至并不采用第 3 章中介绍的权责发生制，而是采用较为简单的收付实现制。

一般情况下，小型企业的规模越大，它的会计人员越有资历，企业越有可能聘请外部注册会计师为企业处理会计和财务报告事项。与年销售额仅为 500 万美元的企业相比，销售额到达 5 000 万美元的企业更有可能采用更完善的会计方法，发布质量更高的财务报告。我们的经验就是，企业规模越小，越有可能出具让人苦恼的财务报告。

2013 年 6 月，美国注册会计师协会颁布了**中小型企业的财务报告框架**（FRF for SMEs）。以下为新框架的描述（摘自 AICPA 网站对新框架的解释）：

> 中小型企业财务报告框架是中小型非上市公司编制财务报表的工具，不需要符合公认会计原则报告。在该框架下生成的财务报表能够清晰简洁地报告出企业资产、负债和现金流。债权人及其他方能够清晰快捷地了解企业的关键策略以及是否具有信贷价值。中小型企业的财务报告框架是注册会计师对中小型企业财务报告方面的问题做出的专业回答。

该框架大约有 200 页，被设计成中小型企业的会计指引。新框架可以被称作对复杂的、有规则的公认会计原则的缓解，新框架允许与公认会计原则存在偏差。我们认为之所以发布新框架，是因为中小型企业会计和财务报告的实践不够标准。

希望新框架能够改善中小型企业的会计和财务报告的整体质量。但是，对于新框架是否能产生广泛影响，我们表示质疑，只有让时间给出答案了。小型企业的规模越大，新框架对其的影响就越深远。企业的规模越大，就越有可能雇用更有资历的会计人员，那么，债权人和个人投资者就越有可能要求企业在利润核算及财务报告方面循规蹈矩。

阅读小型企业的财务报告

本部分中，我们会介绍在阅读小型企业财务报告的过程中可能会遇到的一些问题。我们将站在财务报告外部阅读者的角度进行阐述，即站在企业债权人和个人投资者的角度，但财务报告也在此类阅读者之外传播，它并不涉及管理者经营企业所需要的财务信息。

只有一个股东或经理的小型企业可能不会定期地编制外部财务报告——尽管银行和其他债权人需要。在接下来的讨论中，我们假设小型企业已经通过编制财务报告来总结企业最近一期的财务活动和财务状况。正如前文所述，企业财务报告主要由利润表、资产负债表及现金流量表这三张财务报表组成。

我们不可能将阅读小型企业财务报告时遇到的问题全部列出。我们希望你不会遇到那些问题，但你应该对以下潜在的问题有所了解。

- **你在阅读一份财务报告吗？**你从小型企业获取的信息可能并不是真实的外部财务报告，你拿到的报表可能是企业管理者所使用的财务计划表和总结。换句话说，在你手中的可能并不是所谓的外部财务报告，管理者可能会与你共享他所用的信息，而不是另外准备一份不一样的财务报告。
- **使用的是次优的会计方法吗？**小型企业可能没有严格遵守规

则采用合适的会计方法。通常情况下，它们采用的是会计捷径，而非故意操纵利润和财务状况。另一方面，小型企业可能会粉饰数据，甚至会篡改账目及进行会计舞弊（更多信息请参考第 20 章）。

- **财务报告的编制过程中是否有独立的注册会计师参与？**很少有小型企业聘请独立的注册会计师对企业的财务报表进行年度审计。一方面是因为成本太高，另一方面是因为小型企业可能已聘请了注册会计师对其使用的会计方法及编制的财务报告进行复核，或已有注册会计师参与财务报告的编制。小型企业认为，注册会计师的参与增加了财务报告的可信度。

- **使用了哪种会计报告准则？**独立的注册会计师审计的优点之一是审计人员能够清楚地描述企业使用了哪种会计报告准则。如果小型企业能够确定编制财务报告所使用的会计报告准则，这将是很有帮助的，但不要期望它们能够做到这一点。

- **是充分地披露吗？**大多数小型企业很注重机密和隐私，因此，除必须在财务报告中披露的关键信息之外，它们不愿意透露更多。也是出于这个原因，大型企业也不愿意透露更多的财务信息。

- **企业的会计人员有资历吗？**小型企业可能不会雇用有资历的会计人员（不一定必须是注册会计师，但必须有充分的教育背景和工作经验）。虽然计算机软件可以帮助整合企业的财务报表，但拥有一个资深的会计人员也是必要的。

- **包含现金流量表吗？**小企业提供的财务报表中可能不包含现金流量表，这个疏忽是一个极危险的信号！这张财务报表已经使用了超过 25 年，现金流量表的缺失可能意味着企业的会计人员不知道如何去编制它，或者不知道企业需要这个报表。

- **销售撇脂？**小型企业的所有者/管理者可能会进行**销售撇脂**（sales skimming）。正如你可能知道的一样，这个术语是指管理者将企业的一部分收益放入自己的口袋。这部分收入不记入企业账簿中，也不包含在利润表的销售收入中，因此当期净利润也会因销售撇脂而降低。

- **个人花销会记入企业账户吗？**小型企业可能习惯于为所有者/管理者的个人和家庭消费买单，你可能会说这是对管理者的额外补偿，但是这样做会扰乱企业与其他利益相关者之间的协议，并近似于逃避所得税。

- **存在关联交易吗？**小型企业可能不会在财务报告中披露关联交易。例如，小型企业的所有者/管理者可能还拥有一个房地产投资企业，并且将场地租给该企业。由于同时拥有两家企业，所以租金的设定并不是一项正常的商业交易。为了增加或降低小型企业的支出，租金可能会被故意设置为高于或低于市场现行价格。

综上所述，小型企业的债权人和外部投资者在阅读该类企业的财务报告时，应小心谨慎并保持适度的怀疑，应该对以上讨论的问题保持警惕。虽然小型企业的财务报告不够完美，但有报告总好过没报告。债权人和投资者可以向企业提问并且要求企业提供更多的信息——而且他们必须这样做。

How to Read a Financial Report: Wringing Vital Signs Out of the Numbers, 8e, by John A. Tracy, Tage C. Tracy

ISBN: 9781118735848

图书在版编目（CIP）数据

玩转财报（第八版）/（美）约翰・特雷西、塔格・特雷西著；池国华等译. —北京：中国人民大学出版社，2017.2
ISBN 978-7-300-23441-0

Ⅰ.①玩… Ⅱ.①约… ②池… Ⅲ.①会计报表 Ⅳ.①F231.5

中国版本图书馆 CIP 数据核字（2016）第 239196 号

玩转财报（第八版）
[美] 约翰・特雷西　塔格・特雷西　著
池国华　等　译
Wanzhuan Caibao

出版发行	中国人民大学出版社		
社　　址	北京中关村大街 31 号	邮政编码	100080
电　　话	010－62511242（总编室）		010－62511770（质管部）
	010－82501766（邮购部）		010－62514148（门市部）
	010－62515195（发行公司）		010－62515275（盗版举报）
网　　址	http：//www.crup.com.cn		
经　　销	新华书店		
印　　刷	固安县铭成印刷有限公司		
开　　本	720 mm×1092 mm　1/16	版　　次	2017 年 2 月第 1 版
印　　张	16.5	印　　次	2024 年 12 月第 6 次印刷
字　　数	155 000	定　　价	46.00 元